Axel Benthien **Die Keyboardschule**

Der neue Weg zum

KEYBOARDSPIEL

Musik verstehen und sofort spielen

Band

5

AF285995

SCHOTT

www.schott-music.com

Mainz · London · Madrid · Paris · New York · Tokyo · Beijing
© 1986 Schott Music GmbH & Co. KG, Mainz · Printed in Germany

Für Keyboards, die sich in der Begleitautomatik
von den in den Stücken angegebenen Griffweisen unterscheiden,
sind am Ende der Schule Tabellen
mit allen vorkommenden Akkorden angefügt.

ED 7284
ISMN 979-0-001-07613-5
ISBN 978-3-7957-5064-0

Inhalt

Das Metronom

Das Metronom wurde um 1815 von Johann Nepomuk Mälzel erfunden.
Es ermöglicht durch ein hör- und sichtbar anschlagendes Pendel eine
exakte Vorgabe des Tempos. Auf dem Metronom können verschiedene
Geschwindigkeiten eingestellt werden. Gibt der Komponist oder
Bearbeiter beispielsweise an ♩ = 100, so bedeutet dies: 100 Schläge in
der Minute.
Moderne elektronische Instrumente haben zur Einstellung ihrer
Rhythmusgeräte manchmal auch ein mittels Drehknopf regulierbares
„Metronom" (mit LED-Anzeige).
Die Tempoangaben über den Musikstücken, z. B. ♩ = 126, beziehen sich
auf diese Möglichkeit der Temporegulierung.

Klarinettenmuckel

aus Bayern

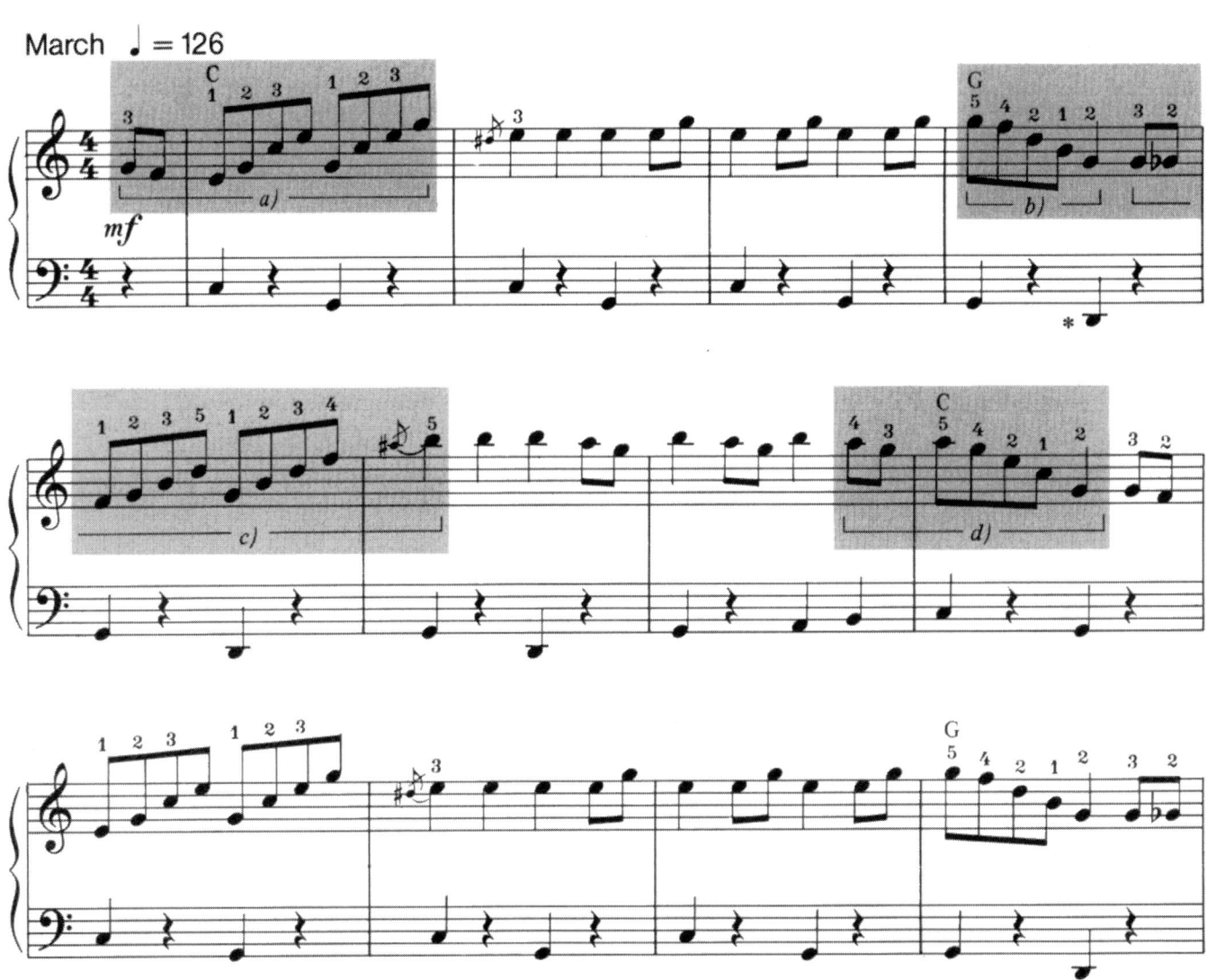

* Falls die notierten Baßtöne nicht auf dem Instrument darstellbar sind, diese einfach in die nächsthöhere
Oktavlage umsetzen.

C
Fine
F
C7
F
e)
C7
F
f)
D.C. al Fine

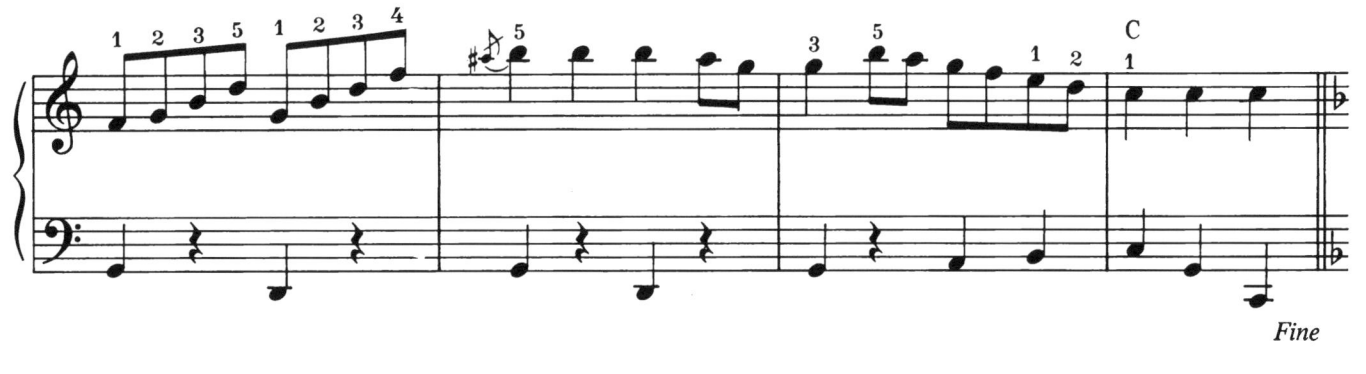

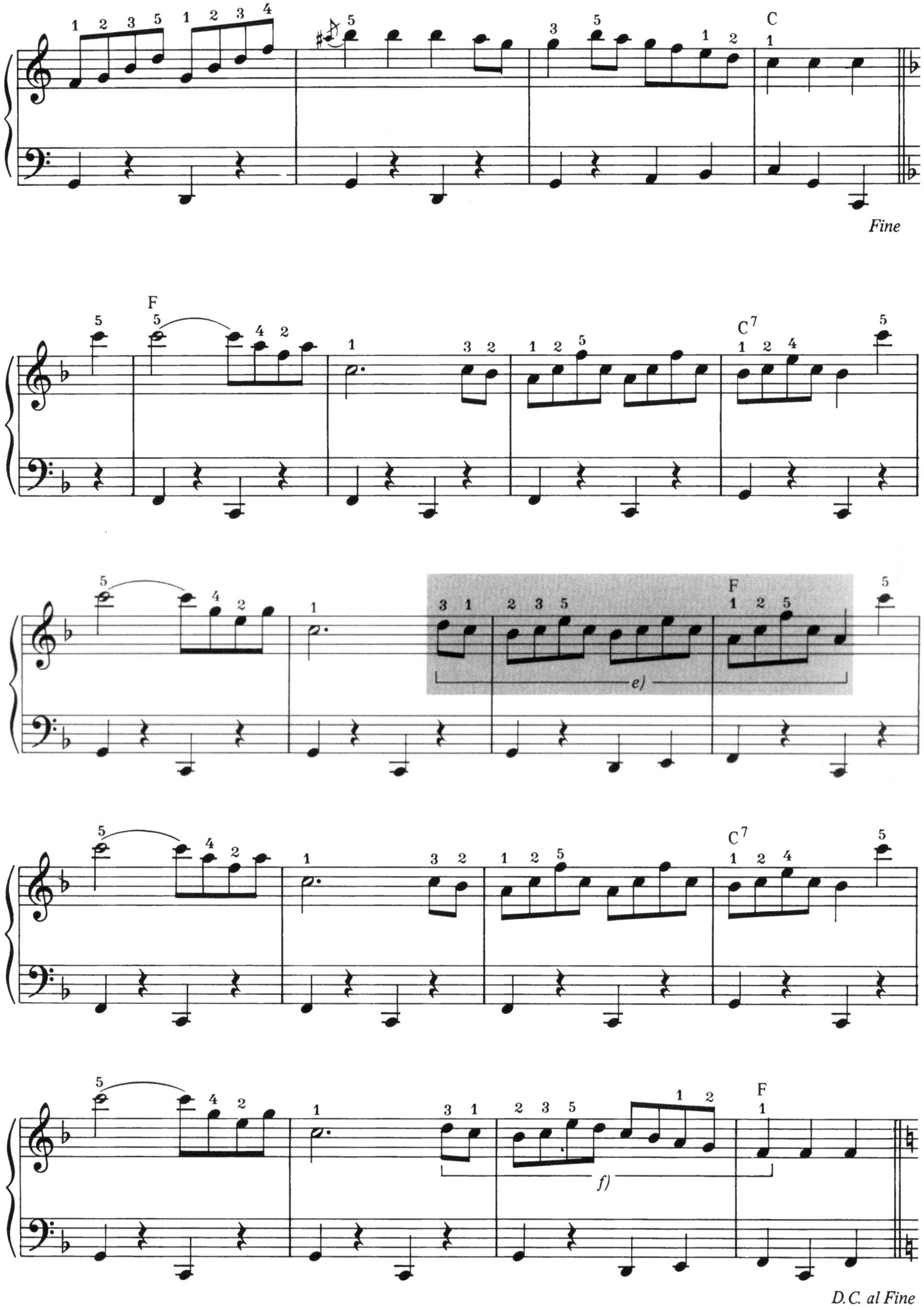

● Spielanweisung:
   1. Wie notiert,
   2. mit SFC und March-Rhythmus spielen.

Gebrochene Akkorde
Werden die Töne eines Akkordes nicht gleichzeitig, sondern nacheinander gespielt, so spricht man von „gebrochenen Akkorden". Die Melodie des Stückes Klarinettenmuckel weist sehr häufig solche gebrochenen Akkorde auf. Die mit Grauton unterlegten Felder im Notentext weisen darauf hin.

Registrierung
Clarinet oder Flute

● Vorübungen:
   Mit den Übungen a) bis e) soll das Spielen von Akkordbrechungen vorbereitet werden. Zunächst ganz langsam üben, dann das Tempo allmählich steigern.

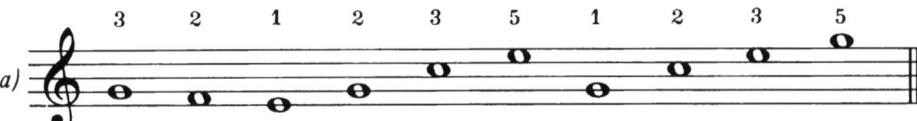

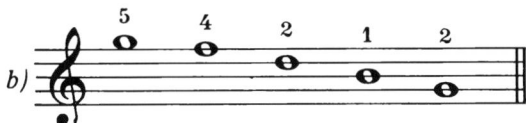

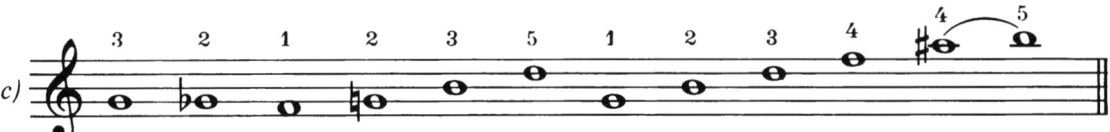

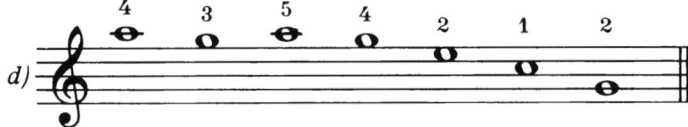

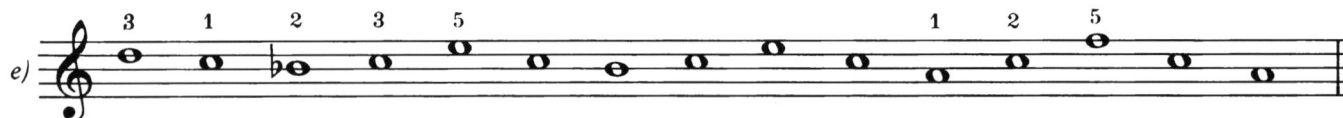

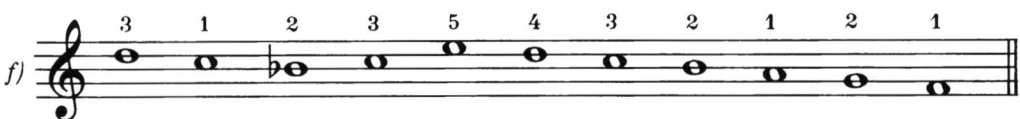

Red River Valley

Amerikanisches Volkslied

Swing ♩ = 120

* Falls die notierten Baßtöne nicht auf dem Instrument darstellbar sind, diese einfach in die nächsthöhere Oktavlage umsetzen.

9

● Spielanweisung:
Dieses Lied – aus Band 1 bekannt – ist auf vier verschiedene Arten
bearbeitet worden. Die Bearbeitung, auch Arrangement genannt, zeigt
modellhaft Möglichkeiten, eine Melodie von vielen Seiten her zu
„beleuchten" und sie somit immer aufs neue interessant zu gestalten.

Teil A
Hier erscheint die Melodie in der Originalgestalt, die Harmonik ist
einfach.
Zur Begleitung wird eine rhythmisch immer gleichbleibende Struktur
eingesetzt, welche auf die Harmonien übertragen wird. Die Tonfolge und
die rhythmische Struktur ist typisch für den Boogie-Woogie.

Teil B
Die Melodie ist bis auf geringe Veränderungen original geblieben,
jedoch mit Doppelgriffen, Fill-ins und Blockakkorden ausgestaltet.
Die Harmonien sind sehr viel interessanter gehalten – ein wirkungsvolles
Mittel beim Arrangieren.
Der Baß bringt Grund-, Wechselbaß- und vereinzelt Durchgangstöne.

Teil C
Die Melodie wird nach F-Dur transponiert und mit Doppelgriffen und
Fill-ins versehen.
Beherrschendes Element ist der Walking-Bass.

Teil D
Eine weitere Steigerung wird hier durch die Umspielung der Melodietöne erreicht. Die Boogiefigur der linken Hand bildet den Kontrast dazu.

Registrierung: Piano

Einer
der führenden
Boogie-Pianisten:
Vince Weber

10

Wechselnoten und Rhythmusvariationen

Thema:

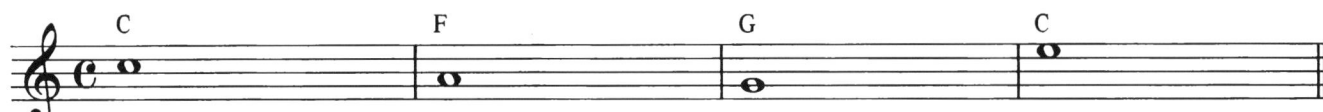

Erweiterung durch Halbierung der Notenwerte und harmonieeigene Töne:

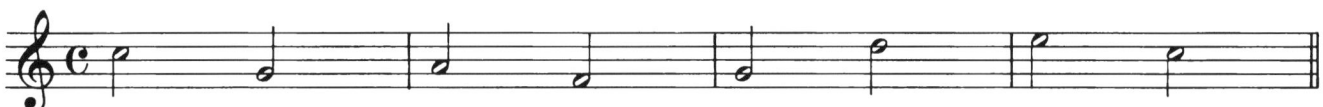

Konsequente Anwendung der Wechselnoten-Technik ↑
mit unterschiedlichen Rhythmisierungen:

Neues Thema:

Wir variieren durch Wechselnoten-Technik, wie oben gezeigt:

Melodie-Puzzle und Melodiebau

Melodie-Puzzle

Wir spielen die verschiedenen Abschnitte und versuchen herauszufinden, um welche Melodie es sich handelt. Danach werden die Abschnitte in der richtigen Reihenfolge in das Notenliniensystem eingetragen. Im zweiten Arbeitsschritt sollen die entsprechenden Harmonien in die Kästchen eingesetzt werden.

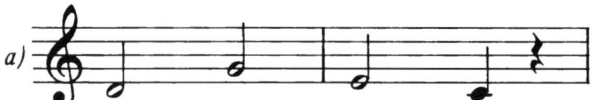

Melodie eintragen und harmonisieren:

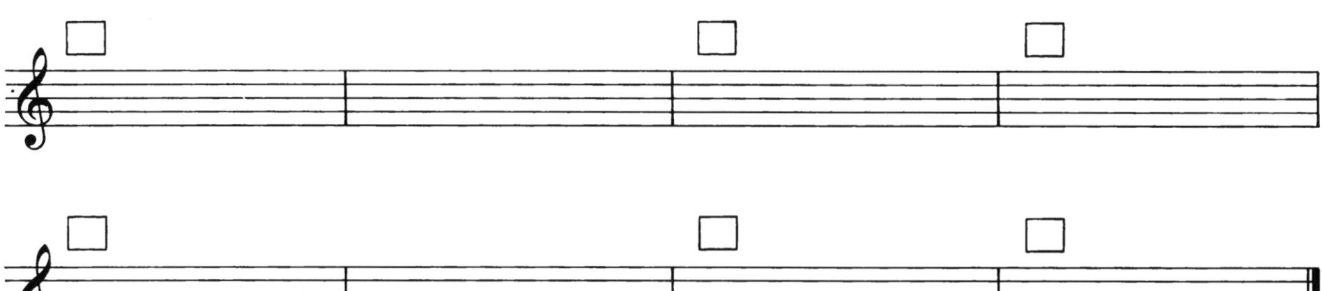

Wir komponieren selber eine Melodie!

Dazu müssen wir zuerst „Bausteine" herstellen.
Wir brauchen den Anfangsstein,
       den Verbindungsstein 1,
       den Verbindungsstein 2,
       den Endstein.

Der Anfangsstein

beginnt immer mit einem harmonieeigenen Ton,
hier die verschiedenen Möglichkeiten zu G-Dur:

Der Verbindungsstein 1
beginnt gleichfalls mit einem harmonieeigenen Ton und stellt eine musi-
kalisch sinnvolle Bindung zwischen den beiden Teilen her. Der Endton
dieses Bausteines ist in jedem Fall auch ein harmonieeigener Ton.

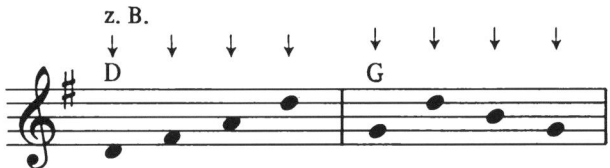

Der Verbindungsstein 2
beginnt häufig genau wie der erste Anfangsstein.

Der Endstein
ist Verbindung und Abrundung zugleich. Er endet meistens mit dem
Grundton der Tonart bzw. des letzten Akkordes.

Bausteine erfinden!

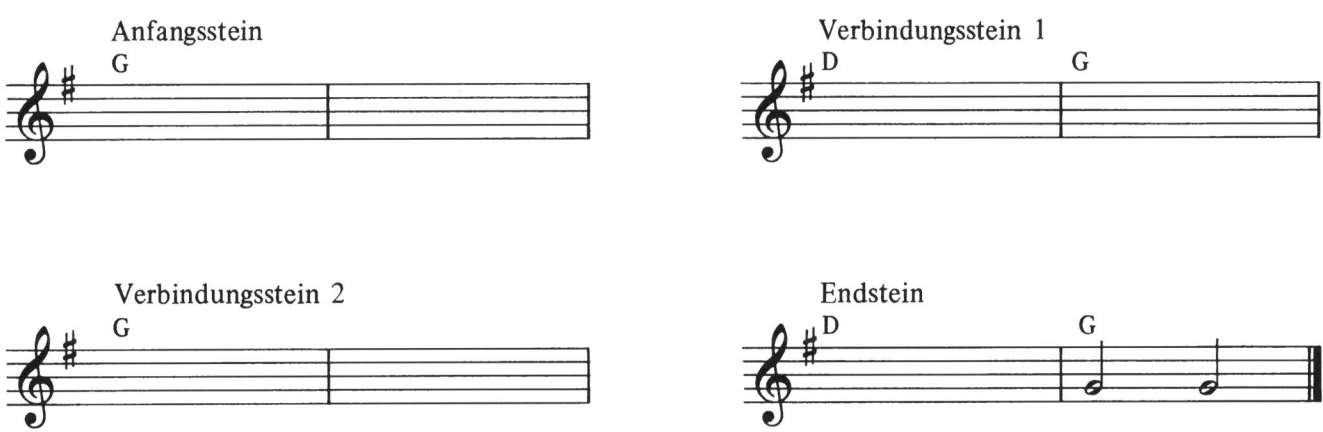

Wir bauen die Melodie zusammen:

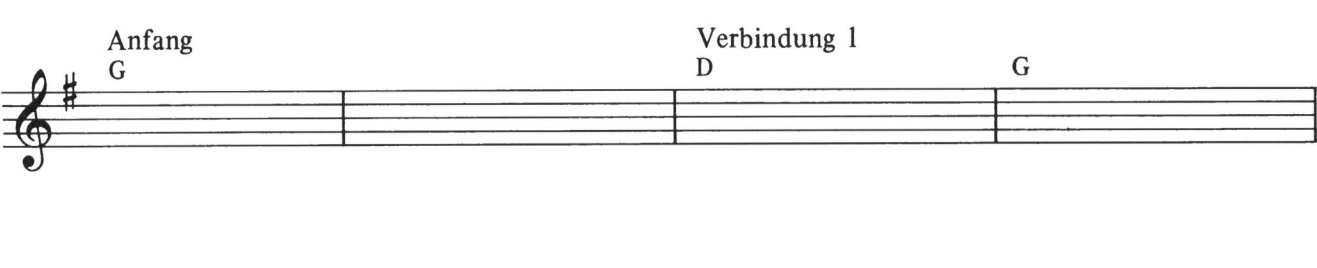

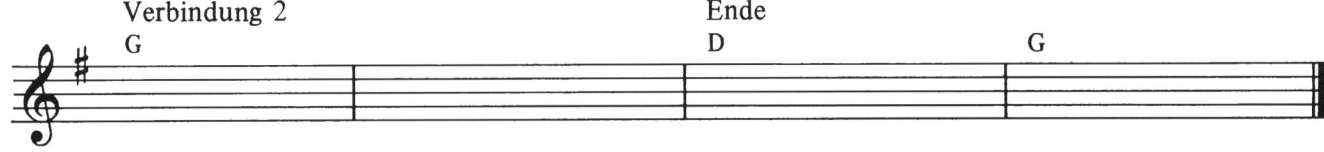

Test 1

Welche Melodie des Bandes 5 wird stark von gebrochenen Akkorden bestimmt? _____

Der Erfinder des Metronoms heißt _____.

Das Metronom ermöglicht eine _____ Angabe des _____.

Welche Möglichkeiten stehen dem Arrangeur (Bearbeiter) zur Verfügung, eine einfache Melodie interessant auszugestalten?

_____ griffe

_____ -ins

_____ akkorde

_____ -Bass

_____ sition

_____ ieling

Für gutes Lagatospiel müssen häufig _____ Fingerwechsel gemacht werden.

Die Umspielung eines Tones mit dem nächstgelegenen Ton darüber oder darunter wird _____ technik genannt.

Der Mond ist aufgegangen

Melodie und Satz:
Johann Abraham Peter Schulz (1790)

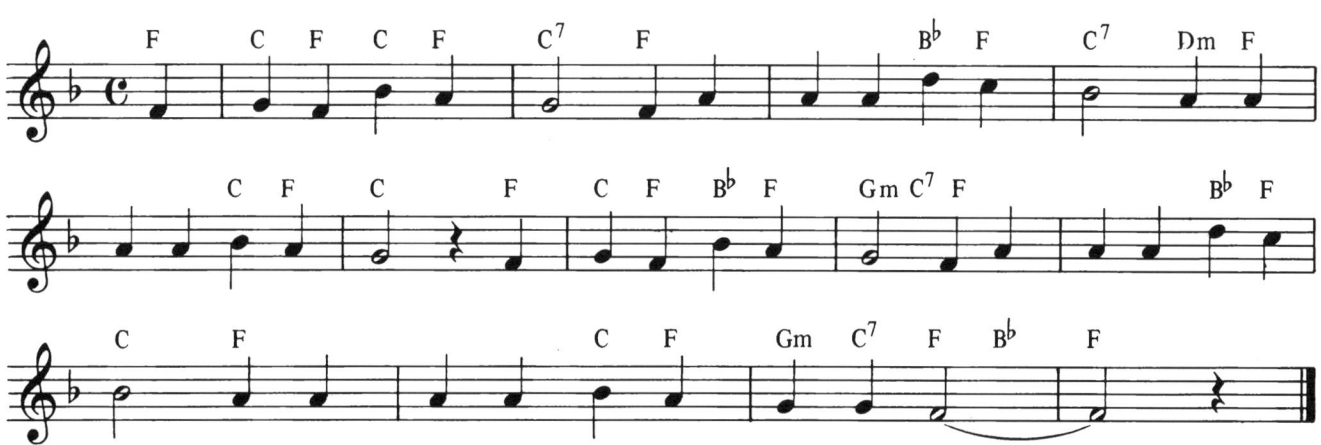

● Beachte:
Dieses Stück ist in erster Linie eine Bindeübung. Wir spielen also streng
legato und achten darauf, daß keine „Löcher" entstehen.

Registrierung
Organ, Flute oder Brass

Der Mond ist aufgegangen

Begleitung mit SFC = choralmäßige Spielweise

Englischer Matrosentanz

G. Zogbaum
Bearbeitung: A. Benthien

March ♩ = 92

mit SFC und March-Rhythmus

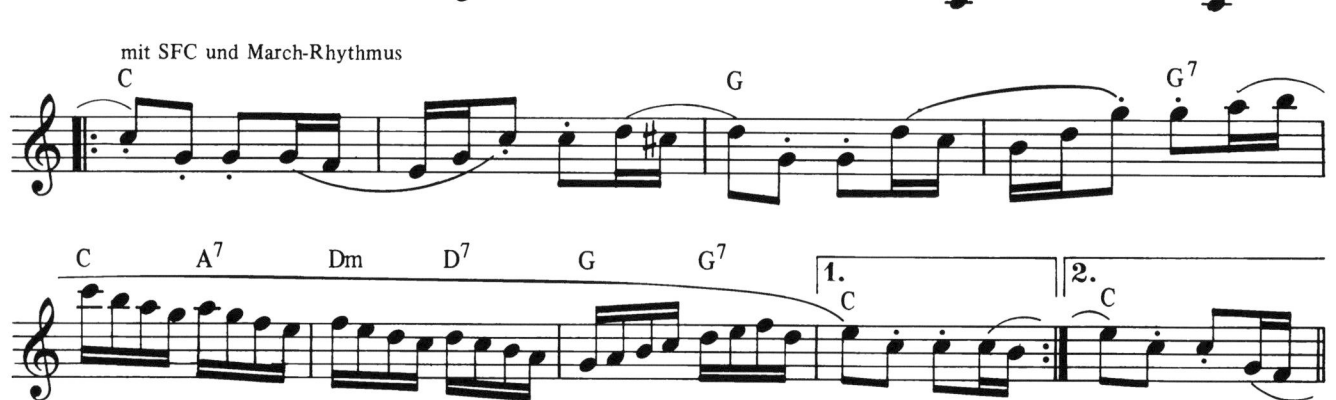

16

● Spielanweisung:
Die Phrasierungs- und Artikulationsbezeichnungen genau beachten. Die
Sechzehntelnoten müssen sehr gleichmäßig gespielt werden.

Registrierung
Flute, Piccolo oder Clarinet

Intervallübung

Programm: Prim/Sekunde/Terz/Quarte							
Reihen-folge							
Aufgabe							
Halbton-schritte							
große							
kleine							
reine							

Intervalle und Halbtonschritte

Halbton-schritte	1	2	3	4	5	6	7	8	9	10	11	12
große		Sek.		Terz					Sexte		Sept.	
kleine	Sek.		Terz					Sexte		Sept.		
reine					Quarte		Quinte					Oktave

Der Dominantseptakkord / Der Trugschluß

Bisher haben wir sehr oft Akkorde wie z. B. G^7, C^7 usw. gespielt. Diese
Akkorde haben einen ganz anderen Klangcharakter als jene ohne den
Zusatz „7". Man zählt diese Akkorde zur Familie der Septimenakkorde,
kurz: Septakkorde, weil dem Grunddreiklang die Septime hinzugefügt
wird.

Die Tonleiter in C-Dur mit den Dreiklängen in der Grundstellung:

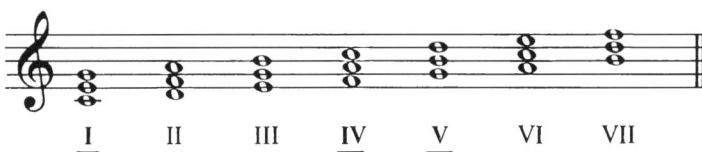

Die Tonleiter in C-Dur mit den Dreiklängen und der hinzugefügten
Septime:

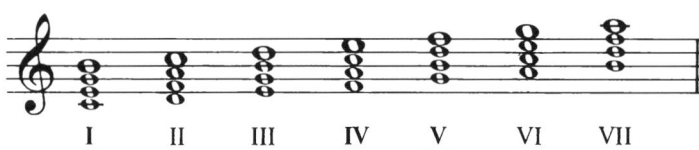

Wir spielen die Akkorde mit der rechten Hand. Wir stellen dabei fest, daß
die Septakkorde alle sehr unterschiedlich klingen. Insbesondere der
Septakkord auf der V. Stufe hat einen ganz charakteristischen Klang,
weil er von allen Stufenakkorden der einzige Durdreiklang mit kleiner
Septime ist. Keiner der Septakkorde klingt so wie er. Diesen Akkord
nennt man auch Dominantseptakkord.

Die Hauptstufen der Tonleiter werden in der Harmonielehre mit ganz
speziellen Ausdrücken benannt.
Die erste Stufe = Tonika
Die vierte Stufe = Subdominante
Die fünfte Stufe = Dominante

Also nennt man den Akkord auf der fünften Stufe Dominante. Wird
diesem nun die leitereigene Septime hinzugefügt, so heißt er Dominantseptakkord.

Der Dominantseptakkord ist ein spannungsreicher Akkord, der spürbar
nach Auflösung drängt. Deshalb wird er häufig zur Schlußbildung
eingesetzt.

Spielen wir folgende Harmonien mit SFC:

$$\begin{array}{cccc} \text{C} & - & \text{F} & - & \text{G}^7 & - & \text{F} \\ \text{I} & & \text{IV} & & \text{V} & & \text{IV} \end{array} \quad \textbf{oder} \quad \begin{array}{cccc} \text{C} & - & \text{F} & - & \text{G}^7 & - & \text{C} \\ \text{I} & & \text{IV} & & \text{V} & & \text{I} \end{array}$$

Ohne Frage befriedigt das zweite Beispiel unsere Hörerwartung sehr viel mehr. Diese Schlußwendung sind wir gewohnt.

Der Trugschluß

Spielen wir nun diese Harmoniefolge:

$$\begin{array}{cccc} \text{C} & - & \text{F} & - & \text{G}^7 & - & \text{Am} \\ \text{I} & & \text{IV} & & \text{V} & & \text{VI} \end{array}$$

Bei dieser Auflösung des G⁷-Akkordes fühlen wir uns regelrecht um unsere Erwartung betrogen. Man spricht in diesem Fall auch ganz offiziell von einem Trugschluß. Sowohl in einer Komposition als auch in der Improvisation wird der Trugschluß als Mittel zur Überraschung effektvoll eingesetzt.
Eine Auflösung des Trugschlusses zeigt dieses Beispiel:

$$\overset{\text{Trugschluß}}{\downarrow}$$
$$\begin{array}{cccccccc} \text{C} & - & \text{F} & - & \text{G}^7 & - & \text{Am} & - & \text{F} & - & \text{C} & - & \text{G}^7 & - & \text{C} \\ \text{I} & & \text{IV} & & \text{V} & & \text{VI} & & \text{IV} & & \text{I} & & \text{V} & & \text{I} \end{array}$$

Den Trugschluß erreicht man, indem man dem Dominantseptakkord nicht den Grundakkord der Tonart, C, sondern den Akkord der sechsten Stufe, Am, folgen läßt.

Beispiel in G-Dur:

$$\overset{\text{Trugschluß}}{\downarrow}$$
$$\begin{array}{cccccccc} \text{G} & - & \text{C} & - & \text{D}^7 & - & \text{Em} & - & \text{G} & - & \text{D}^7 & - & \text{G} \\ \text{I} & & \text{IV} & & \text{V} & & \text{VI} & & \text{I} & & \text{V} & & \text{I} \end{array}$$

Im Blues oder in der Unterhaltungsmusik wird der Dominantseptakkord vorwiegend als „Gewürz", als spannungsbelebendes Element eingesetzt. Es gelten hier nicht die strengen Regeln der Auflösung wie sie in der Klassik beispielsweise üblich sind.

Spielen wir folgende Kadenzen einmal mit und einmal ohne Dominantseptakkord.

ohne: C – F – G – C   F – B♭ – C – F   D – G – A – D

mit: C – F – G⁷ – C   F – B♭ – C⁷ – F   D – G – A⁷ – D

20

Be Your Own Band

Sei Deine eigene Band, so lautet die Aufforderung in der Überschrift. Gemeint ist damit, entweder mit anderen oder mit sich selbst zu musizieren. Mit anderen zusammenzuspielen, das kennt man ja bereits, aber mit sich selbst?

Bei den meisten Keyboards hat man die Möglichkeit, Akkordfolgen und teilweise auch Melodiepassagen zu speichern. Und genau um diese technischen Möglichkeiten geht es uns jetzt.

Es empfiehlt sich, zunächst einmal die Gebrauchsanweisung des eigenen Keyboards genau zu studieren im Hinblick auf die Akkord-speicher- oder Programmiermöglichkeiten.

Man unterscheidet zwei grundsätzliche Speichermöglichkeiten:
1. Die Akkorde werden während des Spielens gespeichert (aufgenommen). Diese Methode nennt man „Realtime" (= Echtzeit).
2. Die Akkorde werden gegriffen und mittels Programmiertaste gespeichert. Diese Methode nennt man „Step by Step" (= Schritt für Schritt).

Bei einigen Instrumenten können Begleitung und Melodie gleichzeitig gespeichert werden. Bei der Wiedergabe des Playbacks kann man dann noch eine weitere Stimme dazu spielen. In diesem Fall spielt man mit sich selbst im Ensemble.

Die Möglichkeiten des Abspeicherns von Akkordfolgen und Stimmen werden in einigen Musikstücken dieses Bandes bewußt berücksichtigt. Bearbeitungen, welche mehr Stimmen als nur die Melodiestimme mit den Akkordsymbolen aufweisen, eignen sich immer dafür.

Das Programmieren oder Speichern
1. Akkordfolge mit Rhythmusgerät einspielen oder programmieren.
2. Melodie- oder Ensemblestimme einspielen, dabei ertönt die bereits gespeicherte Akkordfolge als Playback.

Das Ensemblespiel immer von der „Rhythmusgruppe" (Schlagzeug, Begleitautomatik) her aufbauen. Das ergibt die notwendige rhythmische Sicherheit.

Und nun viel Spaß beim Spiel in der eigenen Band! Übrigens, die Zusatzstimmen eignen sich natürlich auch für das Zusammenspiel mit allen anderen Instrumenten (Blockflöte, Geige, Trompete, Alphorn usw.).

Three Flats

Axel Benthien

Jazz Rock ♩ = 90

● Spielanweisung:
Dieses Stück steht in der Tonart Es-Dur.
Es-Dur hat drei Vorzeichen

Die Es-Dur-Tonleiter:

Die Es-Dur Kadenz:

E♭ – A♭ – B♭ – E♭
I   IV   V   I

Die Oberstimme enthält grundsätzlich die Melodie.
In Teil A ist die Begleitung mit der linken Hand wie notiert auszuführen.
Das Tempo des Rhythmusgerätes regelt man vor Spielbeginn ein.
In Teil B wird die Begleitung mit SFC und Jazz Rock-Rhythmus gespielt.
In Teil C empfiehlt es sich, das Rhythmusgerät auf 16 Beat umzu-
schalten.
Teil D wird wieder ohne SFC mit beiden Händen gegriffen.
Die kleiner gedruckte Stimme im unteren System ist für das Ensemble-
spiel, für die rechte Hand, konzipiert. Entweder man programmiert
Melodie und Akkordfolge vorher ein oder man sucht sich einen zweiten
Spieler.

Registrierung
Oberstimme: Piano, Guitar oder Flute
Ensemblestimme: Strings oder Organ

Voll in Aktion:
Die Rock-Jazz-Gruppe
Earth, Wind & Fire

Der musikalische Gesamteindruck wird von folgenden Faktoren bestimmt:

_____ die

_____ thmus

_____ onie

_____ mik

_____ lation

_____ sierung

Eine große Terz hat _____ Halbtonschritte.

Akkorde mit der Zusatzbezeichnung „7" gehören zur Familie der _____ .

Akkorde mit „7" auf der V. Stufe heißen _____ .

Tonika   = _____ Stufe

Subdominante = _____ Stufe

Dominante   = _____ Stufe

Folgt nach einem Dominantseptakkord der Akkord der VI. Stufe, so entsteht ein
_____ schluß.

Die Vorzeichen von Es-Dur: 𝄞

Der Fingersatz der Es-Durtonleiter lautet:

__ __ __ __ __ __ __ __ __ __ __ __ __ __ __

Die einfache Kadenz in Es-Dur: ___   ___   ___   ___
                                                  I   IV   V   I

Blue Sixteen

Axel Benthien

Jazz Rock/Disco oder auch 16 Beat ♩=112

● Spielanweisung:
Die einfache Bluesform ist zwölftaktig. Die etwas weiterentwickelte, wie
hier bei „Blue Sixteen", läuft über 16 Takte. In den Teilen B und C werden
die ersten acht Takte jeweils variiert. Unbedingt die Artikulationsbezeichnungen befolgen, sonst klingt es nicht „rockig" genug.

Registrierung
Brass, Organ oder Piano

Wechselnoten und Rhythmusvariationen

Thema:

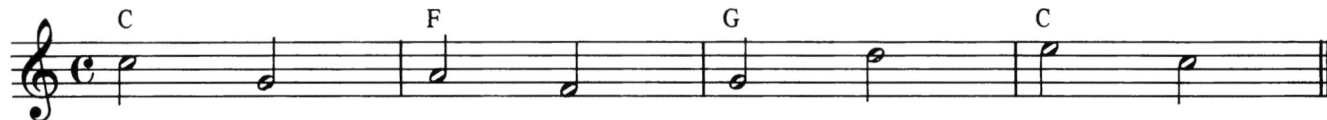

Anwendung der Wechselnoten-Technik ↓ mit unterschiedlichen
Rhythmisierungen:

Neues Thema:

28

Variiere durch Wechselnoten-Technik:

Melodie-Puzzle/Ein neuer Baustein

Melodie-Puzzle

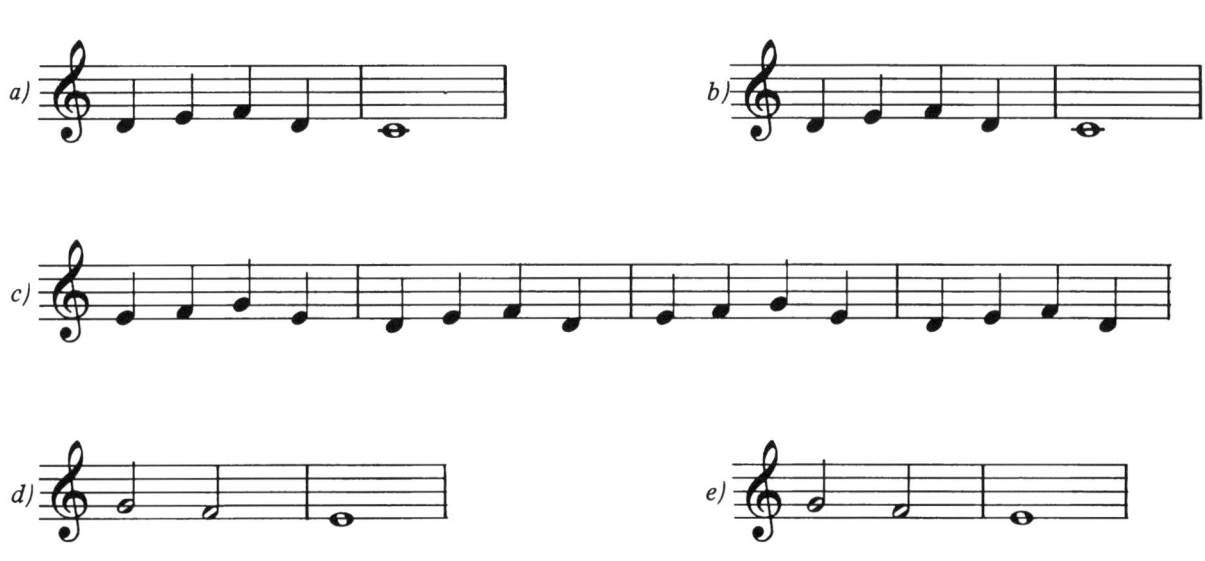

Melodie eintragen und mit Tonika (I. Stufe) und Dominante (V. Stufe)
harmonisieren

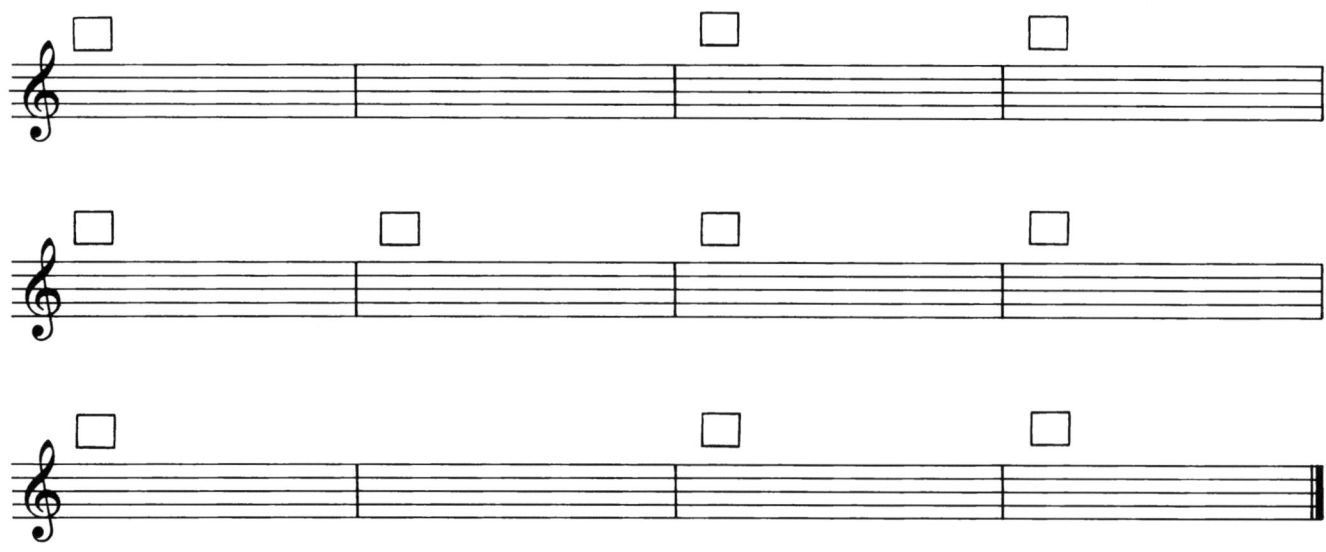

Wir komponieren wieder eine Melodie

In dieser Aufgabe gibt es einen neuen Baustein, die „Mitte". Sie ist ein
Zwischen- bzw. Mittelteil, mit dem Abwechslung in den musikalischen
Ablauf kommt – vorausgesetzt, man findet eine gute Melodie.

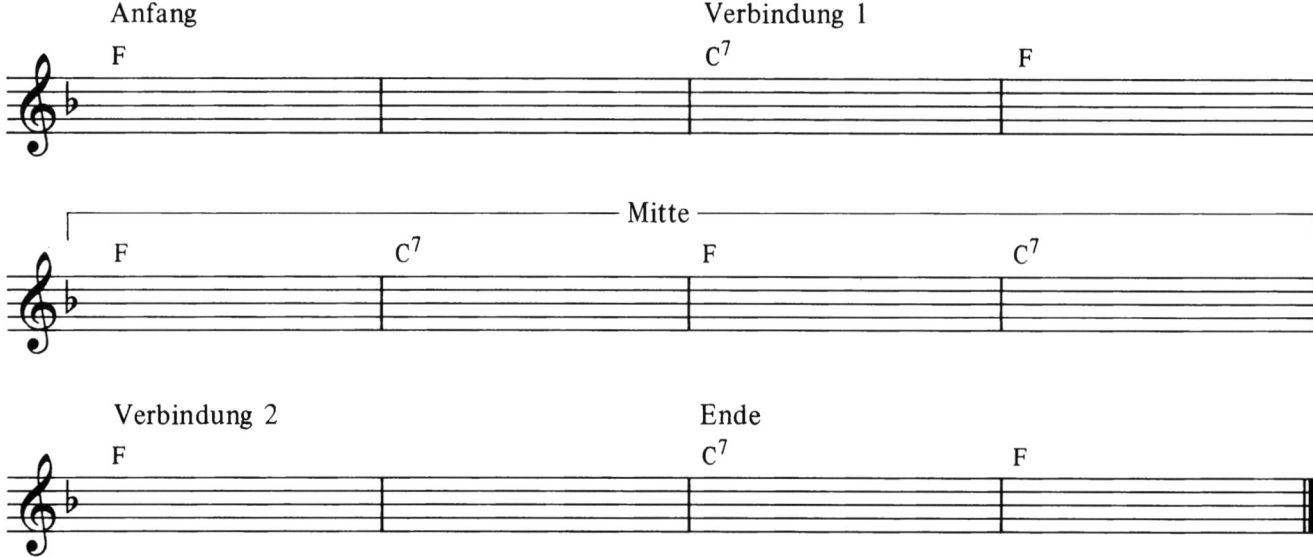

Menuett

Bearbeitung: A. Benthien

Bearbeitung des Menuetts aus dem Streichquartett von Luigi Boccherini

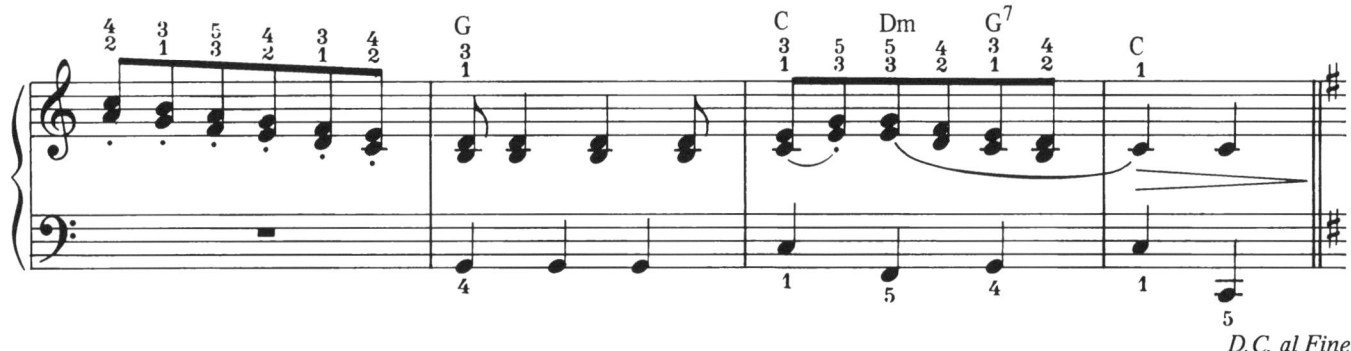

D.C. al Fine

● Spielanweisung:
Es sind hier zwei verschiedene Arten der Ausführung möglich.
1. Wie notiert, mit der ausgeschriebenen Begleitung durch die linke
Hand.
2. Begleitung mit SFC und Waltz-Rhythmus.
In diesem Fall sollte das Schlagzeug ausgeblendet werden.

Registrierung: String

Intervallübung

Programm: Sekunde/Terz/Quarte/Quinte								
Reihen-folge								
Aufgabe								
Halbton-schritte								
große								
kleine								
reine								

Intervalle und Halbtonschritte

Halbton-schritte	1	2	3	4	5	6	7	8	9	10	11	12
große		Sek.		Terz					Sexte		Sept.	
kleine	Sek.		Terz					Sexte		Sept.		
reine					Quarte		Quinte					Oktave

American Patrol

F. W. Meacham
Bearbeitung: A. Benthien

Swing ♩ = 168

35

D.S. al ⊕-⊕

● Spielanweisung:
Dieses Stück muß mit sehr ausgeprägtem Swing-Feeling gespielt
werden. Die ausnotierte Begleitung ist klanglich viel reizvoller als die
SFC-Begleitung. Die linke Hand hat dabei eine wichtige Funktion.
In den ersten vier Takten wird nur der C-Akkord zur Begleitung eingesetzt. Das kann recht langweilig klingen, um diese Gefahr zu vermeiden,
wurde für die Baßstimme ein sogenanntes „Cliché" eingesetzt.

Cliché
Mit Cliché werden typische Melodie- oder Stimmführungen bezeichnet,
die sich eben wie ein Cliché auf alle möglichen Harmonien übertragen
lassen.
Das Cliché für die Baßstimme ist hier die stufenweise Abwärtsbewegung
von c zu g. Die Durchgangstöne im Baß lassen den C-Akkord etwas in
den Hintergrund treten. Ein weiteres Beispiel für ein Cliché:

 usw.

Registrierung
Teil A und B: Flute oder Piano
Teil C: Brass oder Organ

Die Nebendreiklänge

Die Dreiklänge auf den Stufen II, III und VI heißen Nebendreiklänge.

Die Nebendreiklänge sind mit den Hauptdreiklängen eng verwandt.
Die Verwandtschaft zeigt sich in den gemeinsamen Tönen der Akkorde.
In der folgenden Darstellung sind die gemeinsamen Töne durch eine
Wellenlinie gekennzeichnet.

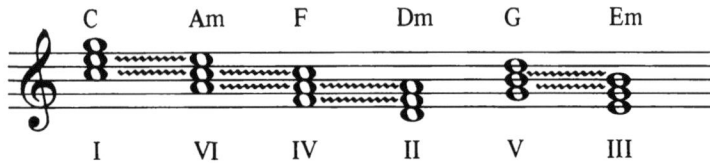

Wenn wir eine Tonleiter harmonisieren, wird die Verwandtschaft von
Haupt- und Nebendreiklängen gut deutlich.
Zunächst harmonisieren wir die C-Dur-Tonleiter nur mit
Hauptdreiklängen:

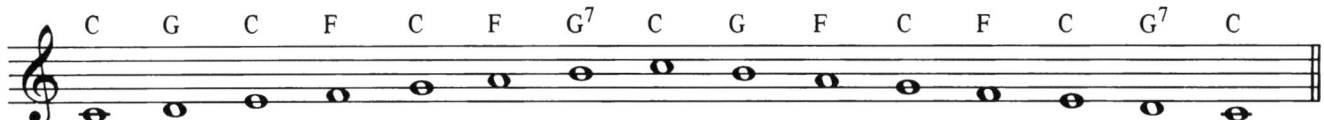

Danach verwenden wir auch Nebendreiklänge zur Harmonisierung:

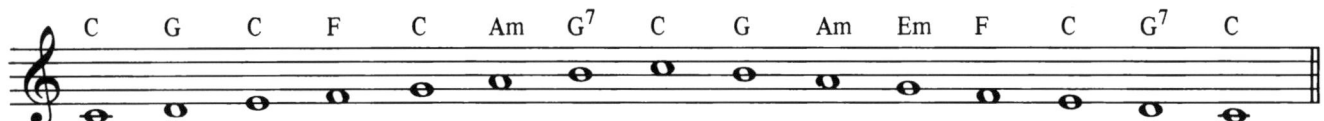

Diese Beispiele zeigen, daß man durch Mischen von Haupt- und Nebendreiklängen sehr viel interessantere Harmonisierungen erreichen kann.

Wir versuchen, eine Tonleiter mit Haupt- und Nebendreiklängen zu harmonisieren, wir verwenden dazu auch (leiterfremde) Dominantseptakkorde.

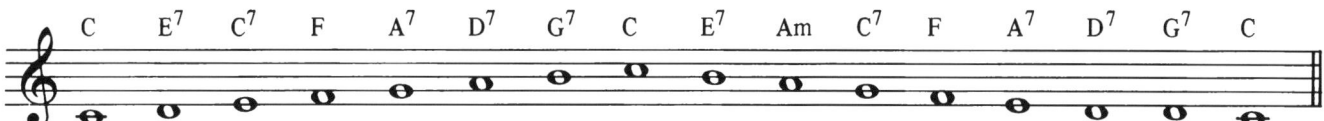

Auch unsere einfache Kadenz kann durch Nebendreiklänge bereichert werden:

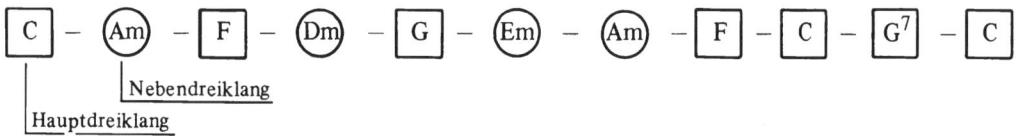

Wir harmonisieren einige Lieder.
Es dürfen Haupt- und Nebendreiklänge und Dominantseptakkorde verwendet werden.
Die jeweils für das Lied in Frage kommenden Akkorde stehen unter jedem Lied in Klammern. Aus diesem Akkordprogramm kann für das entsprechende Lied ausgewählt werden.
Wir spielen die Lieder mit SFC.

Zum Tanze da geht ein Mädel

aus Schweden

$(F - B^b - C^7 - F)$

Muß i denn zum Städtele hinaus

(C – F – G^7 – Am – Dm)

Wenn alle Brünnlein fließen

(G – D – Em – C – Am – Bm – C – D^7)

Zwei
Weltklassebassisten:
Stanley Clarke
(E-Baß)
und
Miroslav Vitous
(Kontrabaß)

41

Bass & Harmony

Axel Benthien

Swing $\quad \downarrow = 144$

42

43

● Spielanweisung:
Das Stück „Bass & Harmony" gliedert sich in vier Teile.
Die Akkordfolge bleibt in jedem Teil gleich. Die Harmonien werden mit
der rechten Hand gegriffen, das erfordert zunächst einiges Notenlesen.
Vor allem gilt es, die Hilfslinien unter dem Liniensystem sorgfältig zu
beachten.
Besondere Aufmerksamkeit sollte der Baßlinie gelten, sie wechselt von
Abschnitt zu Abschnitt ihren Charakter und ihre Funktion.

Teil A
Grundtöne der Akkorde liegen im Baß.
Die kleiner gedruckten Noten beziehen sich auf Instrumente, welche
den Tonumfang in den tieferen Lagen nicht aufweisen.
Aus musikalischer Sicht wünschenswert ist die in Normalgröße notierte
Tonfolge.

Teil B
Außer den Grundtönen erscheinen Wechselbässe
(die Quinte zum Grundton).

Teil C
Grundtöne, Wechselbaßtöne und Durchgangstöne verleihen der Baß-
linie immer mehr eigenes Profil. Aus der ursprünglich unterstützenden
Funktion wird Eigenständiges.

Teil D
Diese ständig in Vierteln fortschreitende Baßlinie nennt man mit dem
Fachausdruck „Walking Bass" (gehender Baß). Bei so einer Baßlinie
kommt es darauf an, auf der nächsten „1" eines Taktes einen
harmonieeigenen Ton zu erreichen.

Diese vier unterschiedlichen Bearbeitungen sind gleichzeitig eine
Anregung für das Arrangieren. Man kann hier sehr gut die Wirkung
der Baßlinie auf den Gesamteindruck eines Musikstückes erfahren.

Registrierung
Piano oder Guitar

Hylta-Express

Axel Benthien

Swing ♩ = 168

Intro

● Spielanweisung:
Auch hier bietet das aktive Spiel der linken Hand mehr Möglichkeiten
als die Begleitung mit SFC.

Das Stück sollte mit stetigem „drive" gespielt werden. Ein Boogie, der
mit Schwung vorangetrieben werden muß.

Registrierung
Piano klingt hier sehr gut.

Melancholie

Axel Benthien

Jazz Rock/8 Beat ♩ = 100

● Spielanweisung:

Teil A

In den ersten vier Takten wird entweder nur mit SFC oder mit Rhythmusgerät und Baßstimme in der linken Hand gespielt. Bei der Wiederholung
tritt die Oberstimme hinzu. Die Fill-ins unter der punktierten Halben „e"
sind rhythmisch exakt auszuführen.

Teil B

Für den Fall, daß vorher nicht mit SFC gespielt worden ist, jetzt SFC
einschalten und möglichst auf 16 Beat übergehen. Melodie und Fill-ins
sehr stark rhythmisch akzentuieren.

Teil C

Es empfiehlt sich, eine der beiden Stimmen vorher einzuspielen bzw. zu
programmieren. Die Unterstimme ist als konstantes Element geplant, sie
bringt diesen Abschnitt richtig in Bewegung. Sie sollte in jedem Fall
gespielt werden. Die rechte Hand improvisiert oder wiederholt ständig
die ersten beiden Takte.

Registrierung
Teil A: Organ oder Flute
Teil B: Brass
Teil C: nach Belieben

Wechselnoten-Technik in verschiedenen Rhythmisierungen

Thema:

Variierung des Themas durch Anwendung der Wechselnoten-Technik in
verschiedenen Rhythmisierungen:

Neues Thema:

Variiere, wie oben gezeigt:

Melodie-Puzzle, Harmonie und Eigenbau in F

Melodie-Puzzle

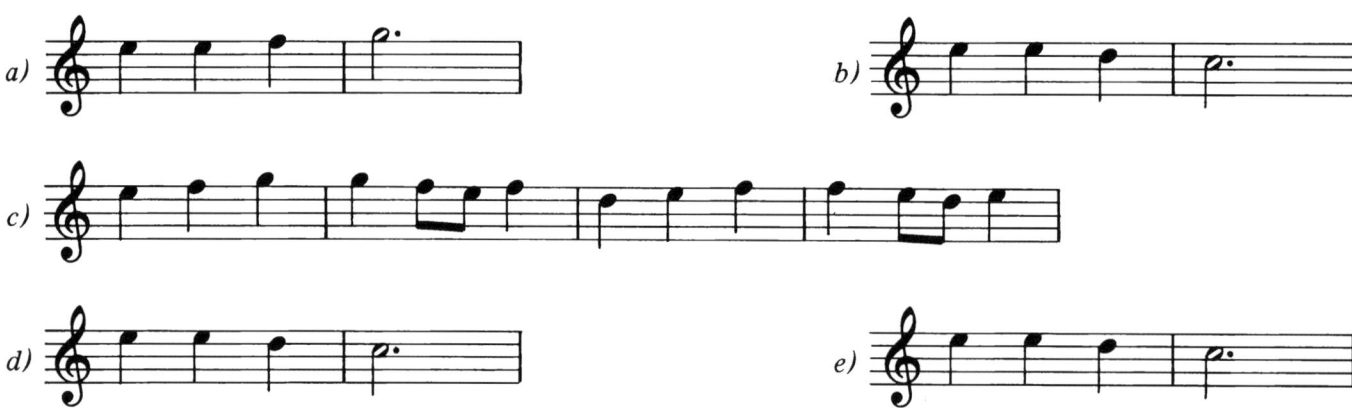

Melodie eintragen und harmonisieren.

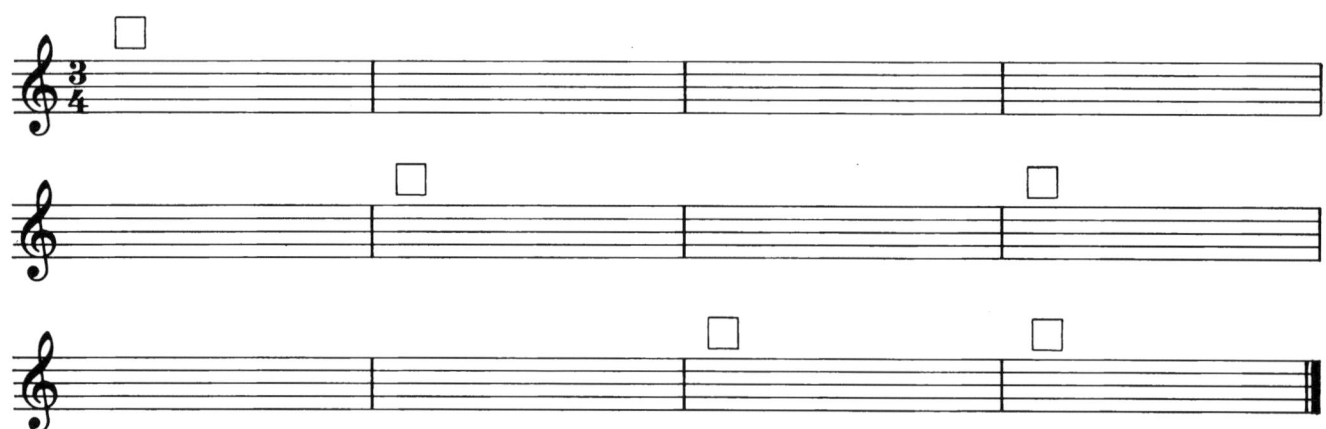

Wir schreiben eine Melodie:

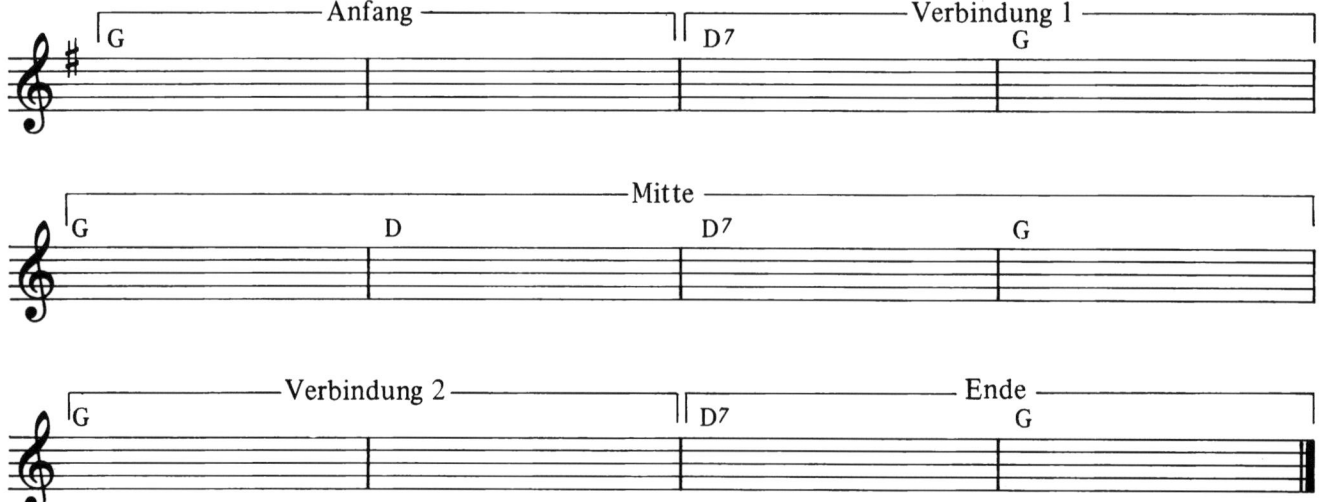

Ostinato

Axel Benthien

Jazz Rock/8 Beat ♩ = 126

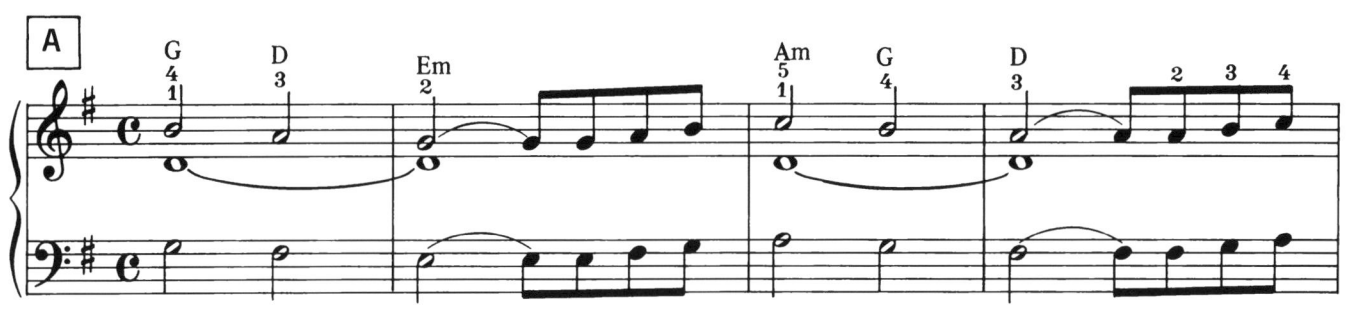

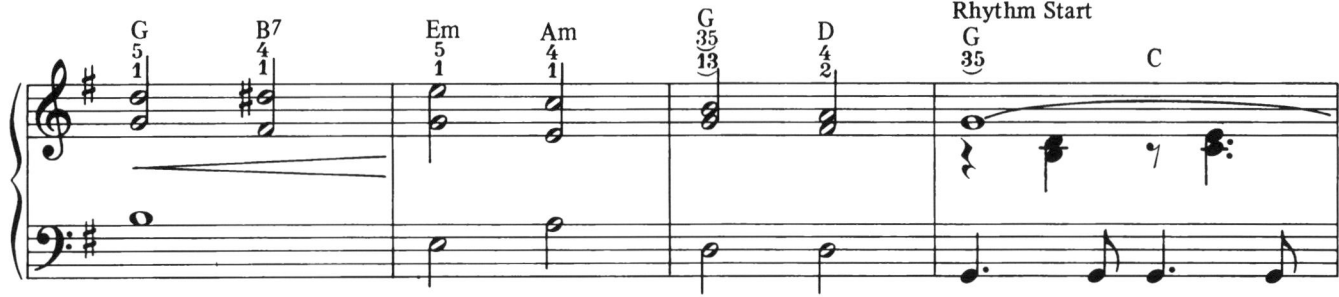

53

54

● Spielanweisung:

Der Titel des Stückes hat eine enge Verbindung mit einem komposi-
torischen Prinzip.

Ostinato kommt aus dem Italienischen und bedeutet „beharrlich".
Wird eine rhythmische oder melodische Struktur mehrere Takte lang
konsequent beibehalten, so spricht man von einem Ostinato. Über das
Ostinato kann sich dann eine Oberstimme frei entfalten. Das Ostinato
verleiht dem Stück Ruhe und Antrieb zugleich, wie ein zuverlässig
laufender Motor.

In diesem Stück setzt der ostinate Baß im 13. Takt ein und endet am
nächsten Doppelstrich (= Teil B).

Ab Teil B könnte auch sehr wirkungsvoll 16 Beat für die Begleitung
eingesetzt werden.

Registrierung
Teil A: Organ oder String
Teil B/C: Piano

Kaiserquartett

Bearbeitung: Axel Benthien

Thema aus dem Streichquartett op. 76, Nr. 3, von Joseph Haydn.
Diese Melodie ist auch bekannt als Nationalhymne der Bundesrepublik
Deutschland.

● Spielanweisung:
Bei Tonwiederholungen wird die Note vor der Wiederholung immer
verkürzt. Währenddessen spielt man die Melodiestimme darüber so
legato wie möglich. Diese Spielweise ergibt ein transparentes Klangbild.
Sie ist nicht ganz einfach zu erreichen, es lohnt sich jedoch, dafür zu
trainieren. Man vermeidet dadurch den üblichen „Klangbrei".
Voraussetzung dafür ist jedoch striktes Einhalten der angegebenen
Fingersätze.

zeigt Bindung an

Registrierung: Organ

56

Der einfache Blues hat _____ Takte.

Weiterentwickelte Formen laufen über _____ Takte.

Fade out bedeutet _____ .

Diese Note ♪ , mit einem Schrägstrich durch den Notenhals, nennt man _____ note.

Charakteristische Melodie- oder Stimmführungen, die auf verschiedenste Harmonien übertragbar sind, werden als _____ bezeichnet.

Die große Septime hat _____ Halbtonschritte.

Die Dreiklänge der II., III. und VI. Stufe werden _____ dreiklänge genannt.

Verwandtschaft zwischen Haupt- und Nebendreiklängen zeigt sich in den _____ Tönen der Akkorde.

Zur Ausgestaltung der Baßstimme können folgende Mittel eingesetzt werden:

G _____ töne

W _____ baß

Durch _____

Wal _____ bass

Ostinato bedeutet: _____

_____

Die Mollkadenz

Gewiß erinnern wir uns, daß wir in Moll nicht nur eine, sondern drei verschiedene Tonleitern zur Verfügung haben.
Die reine, die harmonische und die melodische Molltonleiter.
Zur Bildung der Mollkadenz benutzen wir die harmonische Molltonleiter.
Die Besonderheit der harmonischen Molltonleiter ist die im Gegensatz zur reinen Molltonleiter erhöhte siebente Stufe.

Auf dieser Tonleiter bilden wir nach bekanntem Muster die Dreiklänge aus leitereigenen Tönen:

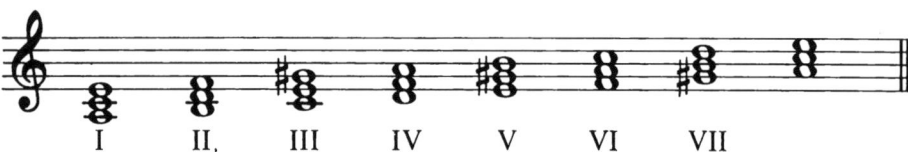

Wenn wir die Akkorde spielen, so merken wir, daß die Harmonien auf der zweiten und der siebenten Stufe sehr ungewohnt klingen. Diese Akkorde lassen wir zunächst einmal außer acht. Wir konzentrieren uns auf die Hauptstufen I, IV und V. Diese spielen wir genau so, wie sie notiert sind.

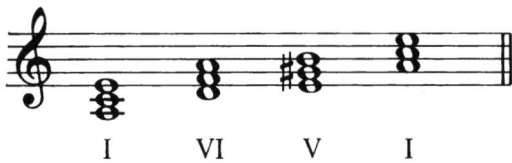

Auffällig ist, daß der Akkord der fünften Stufe ein Durakkord ist.
Wir können uns merken, daß in Moll, durch die harmonische Molltonleiter, der Akkord der fünften Stufe immer ein Durakkord ist.
Die Kadenz in a-Moll lautet also: Am – Dm – E^7 – Am.
Wir spielen die a-Moll-Kadenz mit SFC.

Zur Übung bilden wir noch einige Mollkadenzen:

Dm ____ ____ ____   Gm ____ ____ ____   Em ____ ____ ____

Lösung: Dm – Gm – A7 – Dm   Gm – Cm – D7 – Gm   Em – Am – B7 – Em

58

Wir harmonisieren Lieder in Molltonarten.
Die für das jeweilige Lied zutreffenden Akkorde stehen in Klammern
unter den Liedern.

El Choclo

A. G. Villoldo

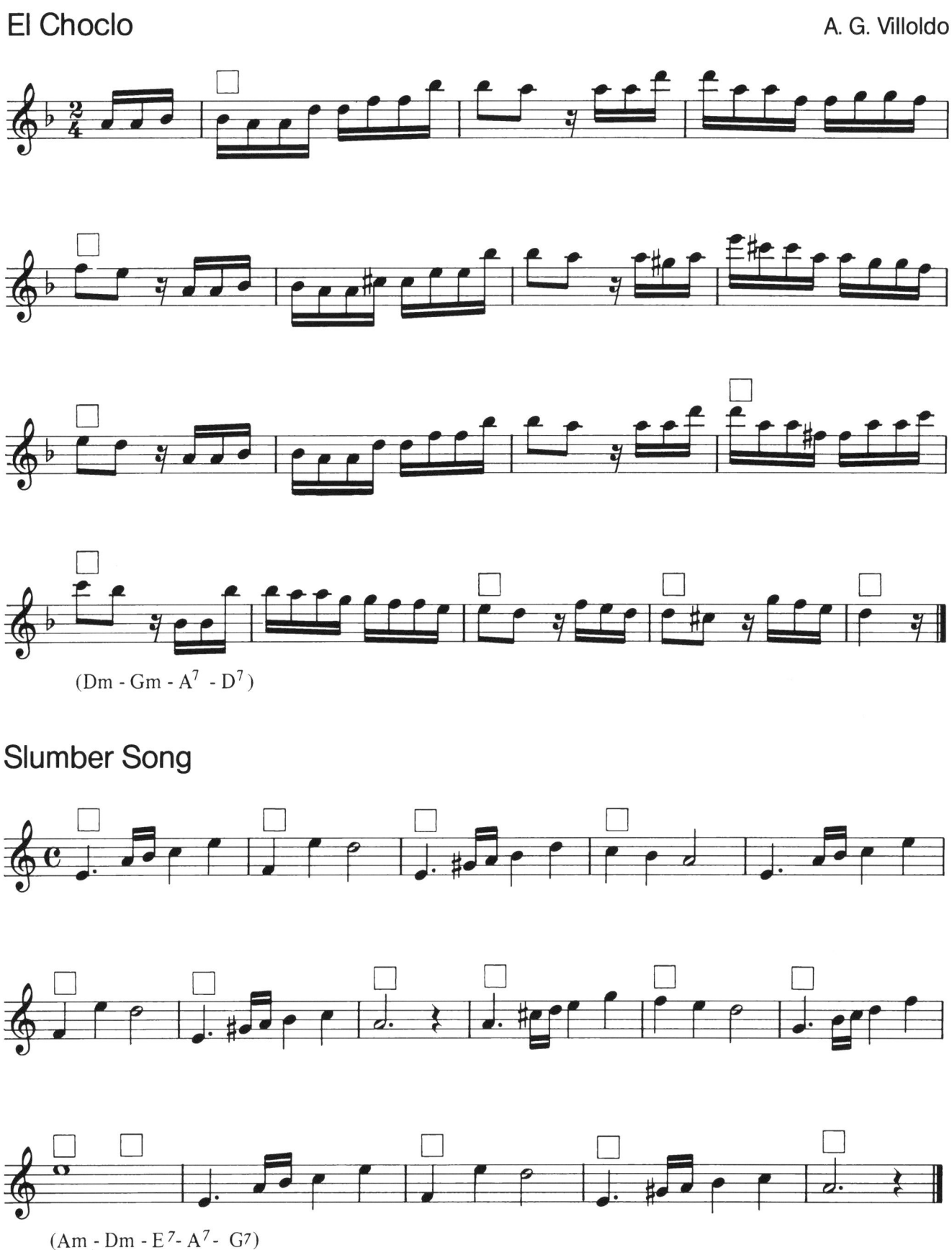

(Dm - Gm - A^7 - D^7)

Slumber Song

(Am - Dm - E^7- A^7- G^7)

Sunshine

Axel Benthien

Swing ♩ = 106

* Beim Spiel mit SFC den eingeklammerten Ton nicht spielen

● Spielanweisung:

Dieses Stück kann wahlweise mit SFC oder nur mit Rhythmusgerät und beiden Händen in klaviertechnischer Spielweise ausgeführt werden. Die kleiner gedruckten Noten beziehen sich auf den begrenzten Tonumfang einiger Instrumente.

An das Koordinationsvermögen beider Hände wird eine Anforderung gestellt. Wir üben das Rhythmusmuster (engl. Pattern) zunächst einmal „trocken", indem wir es klopfen.

Registrierung
Piano, für Teil C Organ oder Brass.

Black and White

Axel Benthien

Jazz Rock/8 Beat ♩ = 100

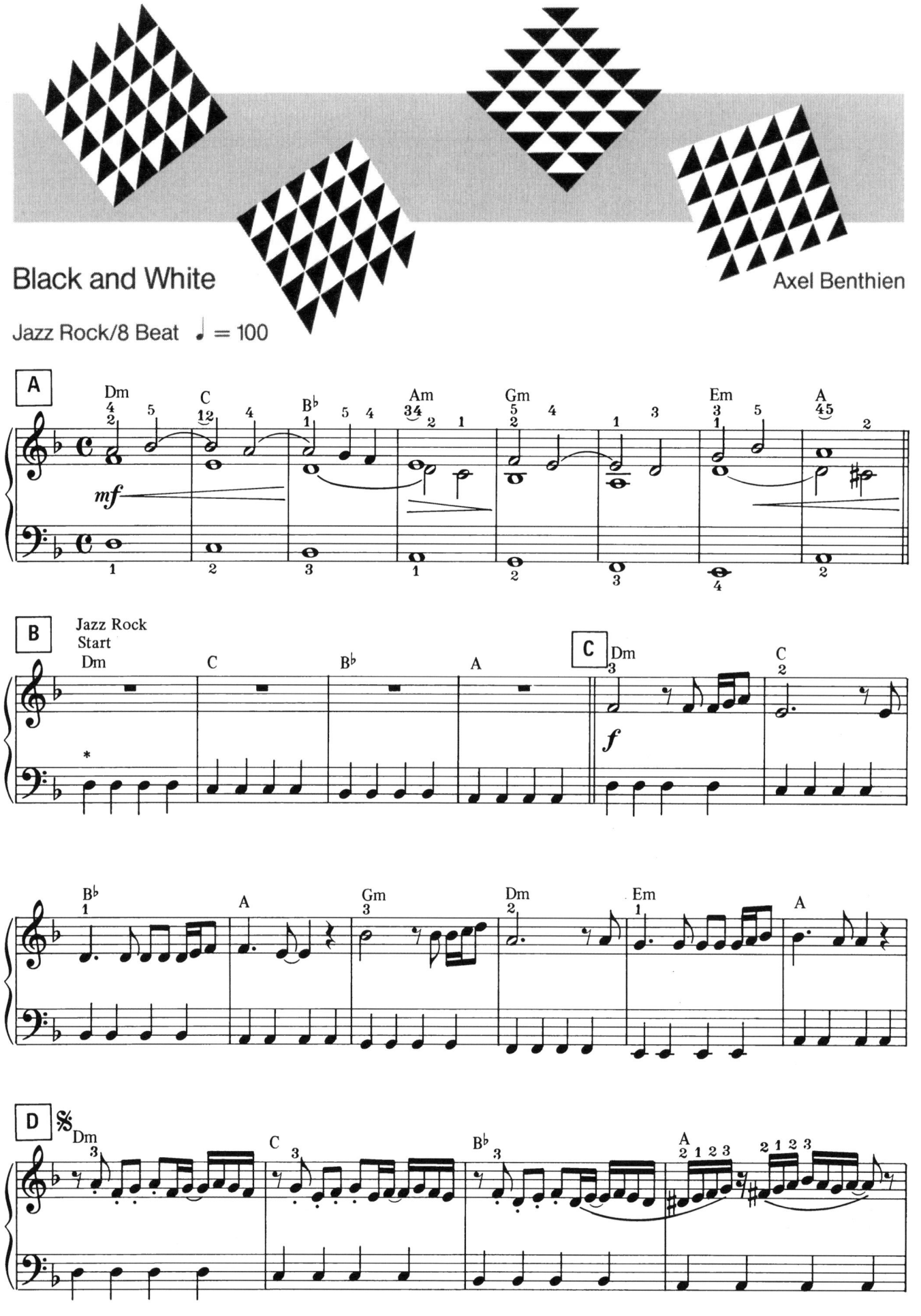

* Statt der Baßstimme kann auch mit SFC-Begleitung gespielt werden; eine rhythmisch bewegte Baßfigur
paßt sehr gut zu diesem Stück.

62

Rhythmus auf
16 Beat umschalten

D. S. al

↑
plötzlich
aufhören

Fine

● Spielanweisung
Teil A
Ohne Rhythmusgerät, sehr ausdrucksvoll spielen.

Teil B
Ab hier muß man sich entscheiden, ob man das Stück mit SFC oder mit der notierten Baßstimme spielen möchte. Die Baßstimme ist übrigens auch folgendermaßen spielbar: ♩. ♪♩. ♪
Falls mit SFC gespielt werden soll, SFC einschalten und Rhythmus starten!

Teil C
Die Melodiestimme sehr stark rhythmisch akzentuieren.

Teil D und E
Hier gilt als Spielanweisung für die Melodie das gleiche wie für Teil C. Am Ende des Teils E möglichst auf 16 Beat umschalten, das verleiht der Wiederholung mehr Spannung.

Teil F
Der Schluß kann mit oder ohne SFC ausgeführt werden. Auf jeden Fall muß der Schluß ohne Verzögerung angestrebt werden, damit die offene Harmonie, mit der das Stück plötzlich abreißt, auch als Überraschung empfunden wird.

Registrierung
Organ oder Guitar

Schon in den 70er Jahren stilprägend für den Rock-Jazz: Die Gruppe Blood, Sweat & Tears mit ihrem Sänger David Clayton Thomas

Intervallübung

Programm: Terz/Quarte/Quinte/Sexte

Reihen-folge								
Aufgabe								
Halbton-schritte								
große								
kleine								
reine								

Intervalle und Halbtonschritte

Halbton-schritte	1	2	3	4	5	6	7	8	9	10	11	12
große		Sek.		Terz					Sexte		Sept.	
kleine	Sek.		Terz	.				Sexte		Sept.		
reine					Quarte		Quinte					Oktave

Melodievariationen mit Wechselnoten

Melodie: Merrily We Roll Along

Variation durch Einsatz der Wechselnoten-Technik ↑ an bestimmten
Schwerpunkten der Melodie:

Wir übertragen diese Anregung auf die ganze Melodie.

Variation durch Wechselnoten-Technik ↓ an Melodieschwerpunkten:

Wir übertragen dieses Modell auf den Rest der Melodie.

Umspielung der Melodietöne durch konsequente Anwendung der
Wechselnoten- und Vorhaltstechnik.
Wir versuchen, dieses Beispiel schriftlich zu vollenden und spielen
diese Variation mit SFC-Begleitung.

Komponieren

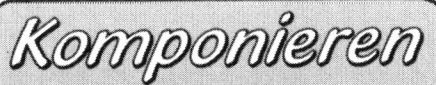

Melodie-Puzzle, Harmonie und Eigenbau

4

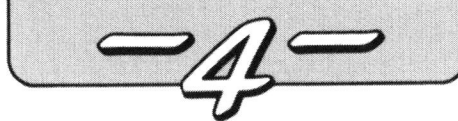

Melodie-Puzzle

a) 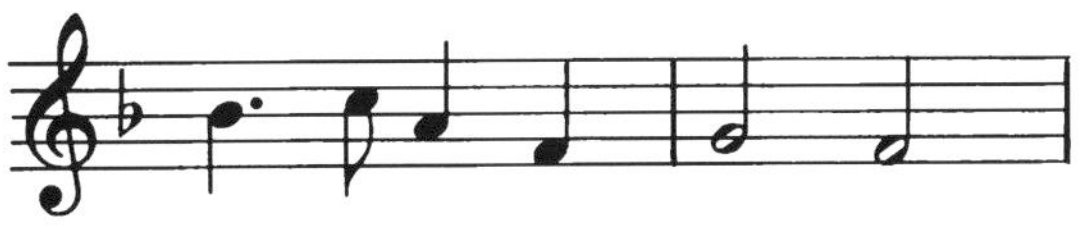

b) 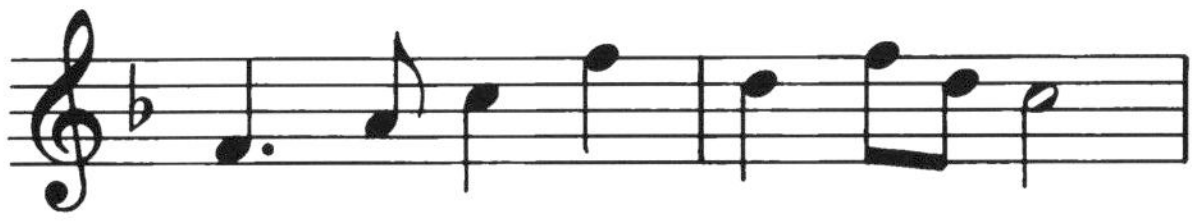

c) 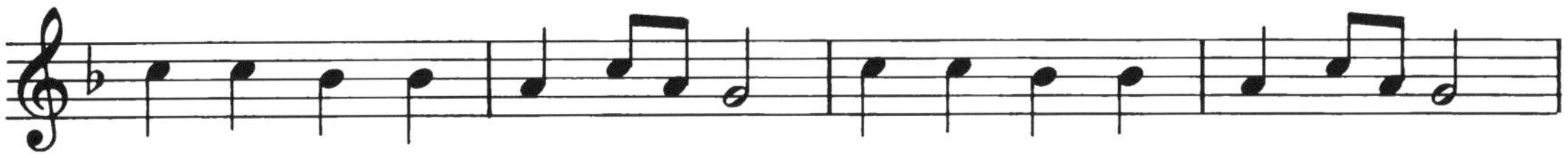

d) 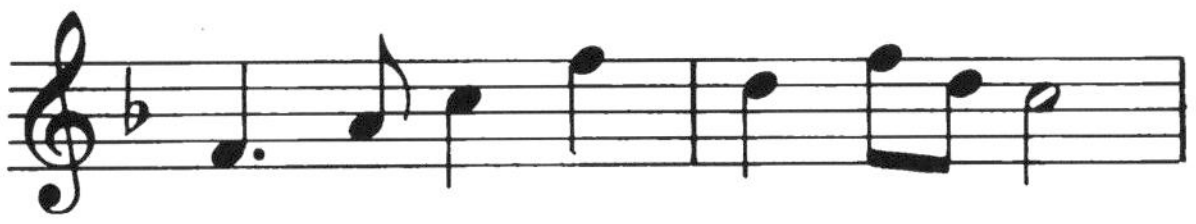

e) 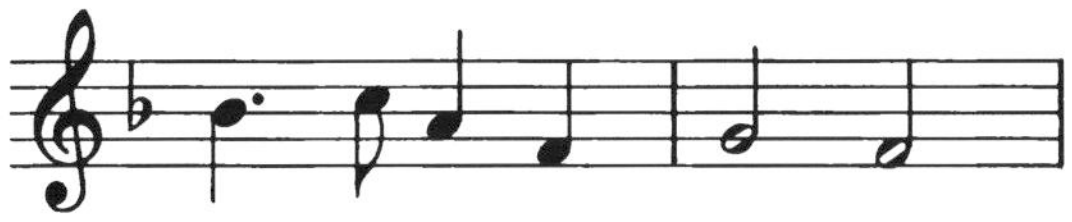

Melodie eintragen und harmonisieren.

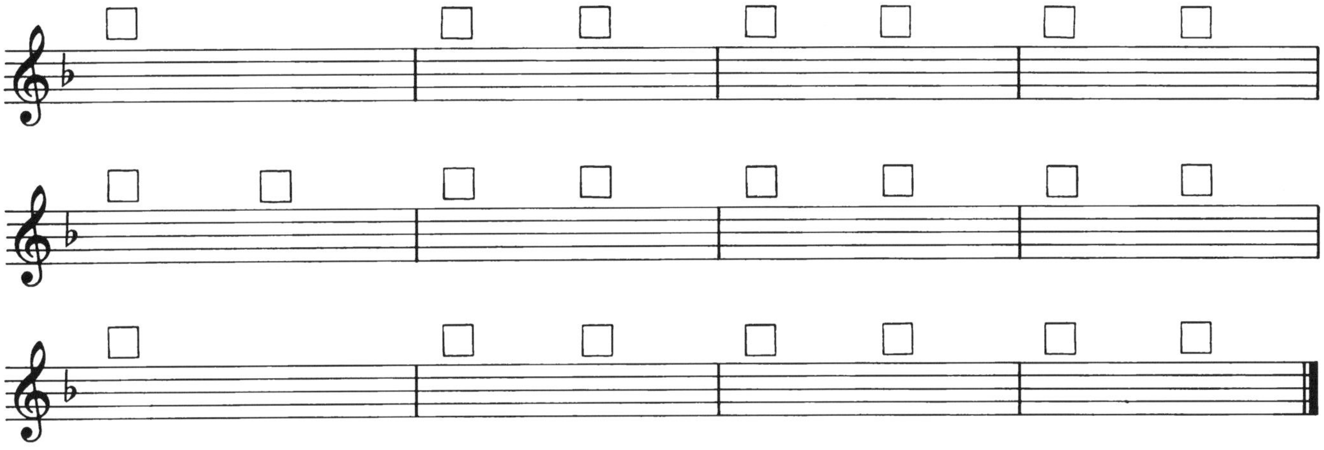

Wir schreiben eine Melodie:

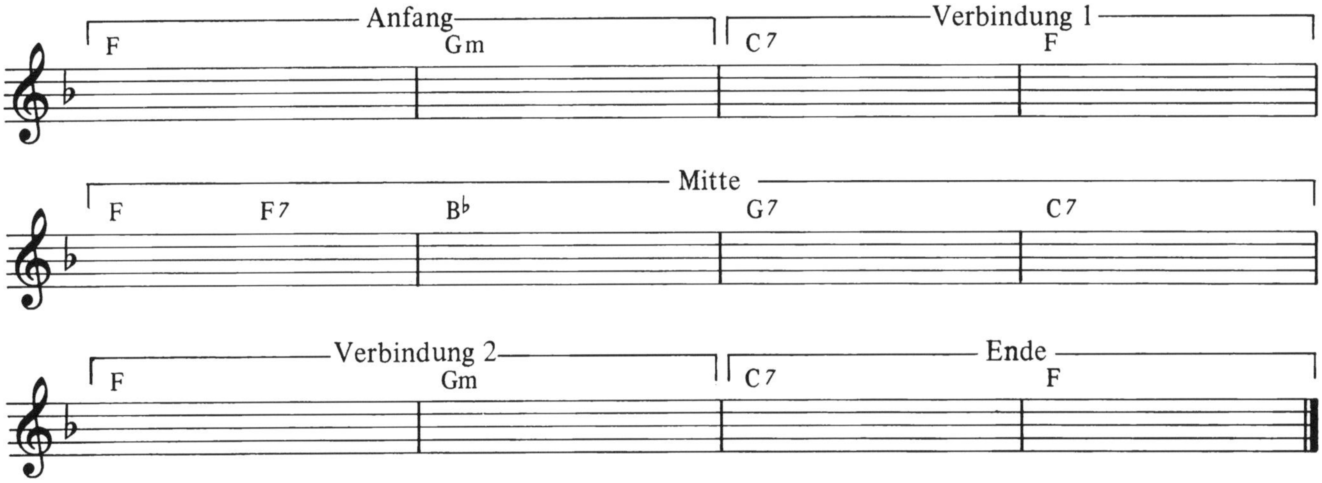
Anfang
F
Gm
Verbindung 1
C7
F
Mitte
F
F7
B♭
G7
C7
Verbindung 2
F
Gm
Ende
C7
F

No Problem?!

Axel Benthien

Waltz ♩ = 110

Rhythmus aus

● Spielanweisung:
Dieses Stück bietet wieder mehrere Möglichkeiten.

1. Man spielt nur die Melodie mit SFC-Begleitung. Der Wechsel der
Registrierung von einem Abschnitt zum anderen sowie das Hinzufügen
von Arpeggio verleihen dem Stück dann etwas Reizvolles. Im Prinzip
handelt es sich nämlich immer um die gleiche Melodie. Tonartwechsel
und Transpositionen erregen die Aufmerksamkeit des Spielers und des
Hörers immer wieder aufs neue.

2. Man programmiert die Akkordfolge und speichert beim Playback
auch noch die Melodie. Hernach kann beim erneuten Playback-Spiel
die notierte Baßstimme dazu gespielt werden. Das klingt gerade bei den
Tonartwechseln besonders reizvoll.

3. Für den Fall, daß auf den Einsatz von SFC verzichtet wird, kann dieses
Stück auch so wie es notiert ist, sozusagen klaviermäßig, gespielt
werden.

Drei recht unterschiedliche Schwierigkeitsgrade sind in diesem Stück
vereint. Für jeden etwas!

Registrierung
Piano oder String

Transposer
Bei Instrumenten, die mit Transposer ausgestattet sind, bietet sich eine Spielerleichterung an.
Mit Hilfe des Transposers ist es möglich, die Tonart zu wechseln, ohne die vorher gespielte
Tonart zu verändern. Hat man beispielsweise den Teil B gespielt, schaltet man rasch nach
dem letzten Takt vor dem Doppelstrich den Transposer eine Rastung nach rechts und wiederholt einfach noch einmal den Teil B. Dieser erklingt nun allerdings nicht mehr in C-Dur,
sondern einen Halbton höher, in Des-Dur. Beim Übergang zu den Teilen D und E kann
genauso verfahren werden.
Der Transposer ist ein Hilfsmittel. Ein Musiker sollte jedoch nicht darauf verzichten, auch
ohne „Krücke" transponieren zu können.

Neue Tonarten und Tonleitern

Mittlerweile haben wir schon eine ganze Reihe von Tonarten und
Tonleitern kennengelernt.
Die jüngsten „Neuerwerbungen" sind die Des-Dur- und die D-Dur-Tonleiter.

Des-Dur-Tonleiter:

D-Dur-Tonleiter:

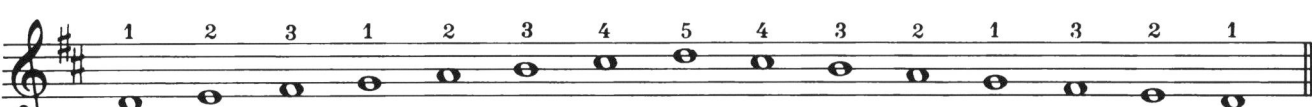

Der Quintenzirkel

Die Entwicklung der Tonleitern und Tonarten läßt sich durch den Quintenzirkel schematisch darstellen. Die Grundtöne der Tonleitern folgen im Quintabstand aufeinander. Das hängt mit den Tetrachorden (Viertonreihen) der Tonleitern zusammen.

Die C-Durtonleiter wird aus folgenden Viertonreihen gebildet:

Will man nun die G-Durtonleiter bilden, so beginnt diese mit dem zweiten Tetrachord der C-Durtonleiter auf dem Ton g (Grundton) und wird bis zur achten Stufe fortgeschrieben. Die siebte Stufe wird durch Kreuzvorzeichnung erhöht, damit das Bauprinzip der Durtonleiter gewahrt bleibt.

Das neugewonnene Vorzeichen wird an den Anfang des Notenliniensystems geschrieben, die neue Tonart bzw. Tonleiter ist perfekt. Nach diesem Prinzip lassen sich im Ganzen 12 Tonleitern und -arten bilden.

Um einen Überblick über die Folge der Tonarten und die Anzahl der jeweiligen Vorzeichen zu gewinnen, ist der Quintenzirkel ein gutes Hilfsmittel.
Da die Töne ges und fis mit ein und derselben Taste gespielt werden, sind die Tonarten Ges und Fis nebeneinander aufgeführt, sonst könnte der Zirkel nicht gebildet werden.

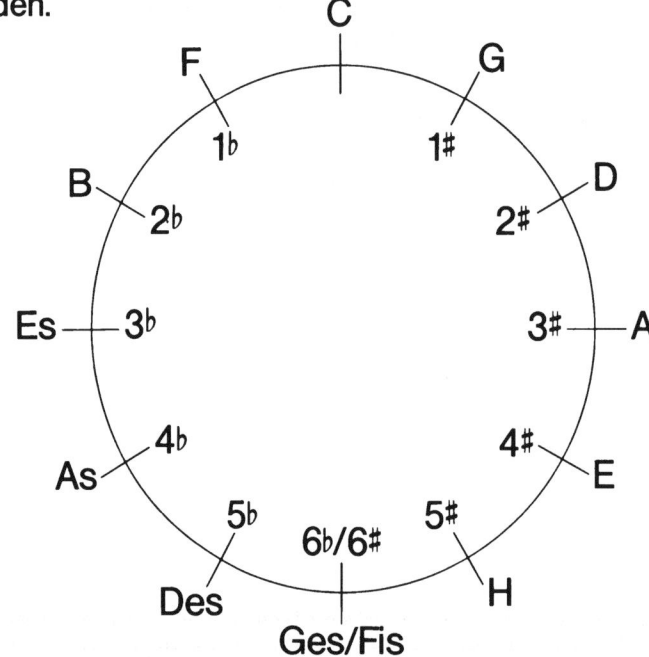

Nachfolgend die Durtonleitern in der Übersicht*:

* Diese Übersicht ist dem Taschenbuch „Allgemeine Musiklehre" von Wieland Ziegenrücker entnommen.
Für die, die sich mit dieser Materie intensiver beschäftigen wollen, ist dieses Buch „mit Fragen und Aufgaben zur Selbstkontrolle" eine hervorragende Grundlage. Piper-Schott SP 8201, Mainz 1979

Broken Glass

Axel Benthien

Swing/Bounce ♩ = 125

● Spielanweisung:

Es wird hier innerhalb eines 12-taktigen Blues-Schemas in den Teilen B,
C und D unter Verwendung der Blues-Skala ständig variiert. Erfahrene
Keyboarder improvisieren solche Variationen. Gewiß ist es reizvoll, auch
selber einige Improvisationen zu versuchen. Immer daran denken:
Improvisation ist die Summe der musikalischen Erfahrungen. Die aus-
geschriebenen Improvisationsteile sind als Anregung zu eigenen
Versuchen gedacht.

Registrierung: Piano

Der Einsatz des Dominantseptakkordes

Wir spielen die a-Moll-Tonleiter mit SFC-Begleitung. Jazz Rock oder
Swing einschalten, und los geht's. Die Tonleiter ist bereits mit den
Akkorden der a-Moll-Tonleiter harmonisiert.

Katjusha

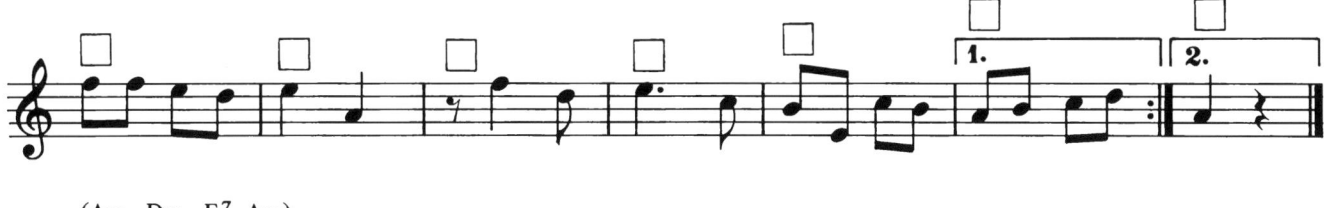

(Am - Dm - E⁷- Am)

Bei der folgenden Aufgabe kommt es darauf an, zu erkennen, welcher Dominantseptakkord in die Kästchen eingesetzt werden muß. Die dafür in Frage kommenden Akkorde finden wir unter dem Stück in Klammern.

Beispiel:
$$C - \square - Am = C - E^7 - Am$$
$$V \quad I V \quad I$$

In die Kästchen werden also die Dominantseptakkorde eingetragen, die die V. Stufe zum folgenden Akkord darstellen. Sinnvollerweise geht man dabei rückwärts, von rechts nach links vor.
Wenn man Lieder oder Musikstücke einmal unter solchem Blickwinkel genau untersucht, wird man feststellen, daß manche Harmonisierung viel interessanter gestaltet werden kann. Will man ein Musikstück bearbeiten oder arrangieren, so ist diese Technik des Harmonisierens von großem Nutzen.

Waltzing Mathilda

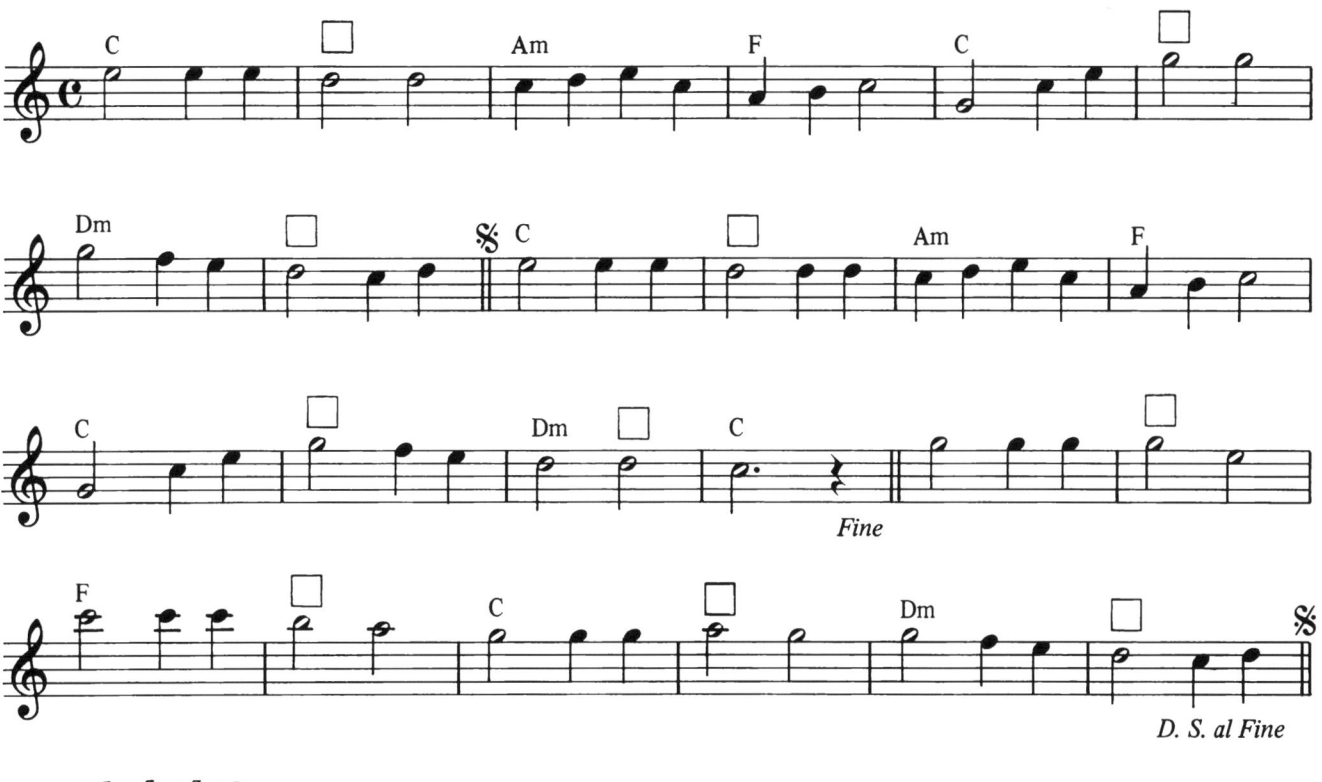

(E⁷- A⁷- G⁷- C⁷)

Intervallübung

Programm: Quarte/Quinte/Sexte/Septime

Reihen-folge								
Aufgabe								
Halbton-schritte								
große								
kleine								
reine								

Intervalle und Halbtonschritte

Halbton-schritte	1	2	3	4	5	6	7	8	9	10	11	12
große		Sek.		Terz					Sexte		Sept.	
kleine	Sek.		Terz					Sexte		Sept.		
reine					Quarte		Quinte					Oktave

Die metrische Variation

Zur Erinnerung: Das Verhältnis von betonten und unbetonten Schlägen
– auch Zählzeiten genannt – nennt man Metrum (mètron, griech. =
Maß). Verändert man nun das Maß, die Taktart einer Melodie, so spricht
man von einer Veränderung des Metrums oder einer metrischen Variation. Dadurch kann die Melodie doppelt so lang, aber auch wesentlich
verkürzt werden. Wenn wir die Melodie „Merrily We Roll Along" statt im
$\frac{4}{4}$ – als Melodie im $\frac{3}{4}$-Takt erklingen lassen, so wird sie von der Taktanzahl
her betrachtet doppelt so lang erscheinen. Die Veränderung der Taktart
ist ein sehr reizvolles Variationsmittel. Sie ist von allen bisher darge-
stellten Variationsmöglichkeiten die einfachste.
Zum Zwecke der Übung versuchen wir auch, Melodien vom $\frac{3}{4}$-Takt in
den $\frac{4}{4}$-Takt zu übertragen. Bei diesen Übungen kann das Rhythmusgerät
eine wertvolle Hilfe sein. Wir stellen die jeweils gewünschte Taktart ein
und lassen einige Takte Rhythmus vorweg laufen, dann ist es viel
einfacher, die Melodie der neuen Taktart anzupassen.

Das Original:

Die metrische Variation:

Metrische Variation mit Wechselnoten-Technik ↑ und ↓

Metrische Variation mit Vorhaltstechnik und Wechselnotenumspielung:

Der Vorhalt von unten

Melodie

Vorhalt mit Halbtonschritt von unten

Vorhalte gemischt – von oben und von unten –

Improvisieren

Der Einsatz der metrischen Variationen

Melodie: „London Bridge Is Falling Down"

Variation durch Wechselnoten-Technik an Melodieschwerpunkten:

Umspielung der Melodietöne durch konsequentes Anwenden der
Wechselnoten- und Vorhaltstechnik:

Metrische Variation:

Metrische Variation mit Wechselnoten- und Vorhaltstechnik:

Air
(aus der Suite in D-Dur)

J. S. Bach
Bearbeitung: A. Benthien

Jazz Rock/8 Beat ♩ = 70

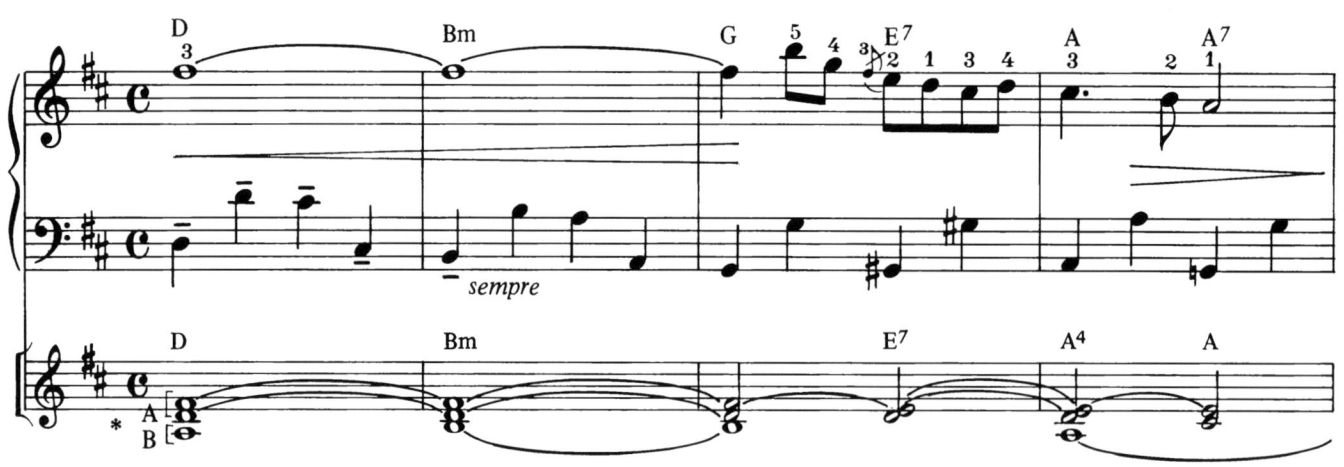

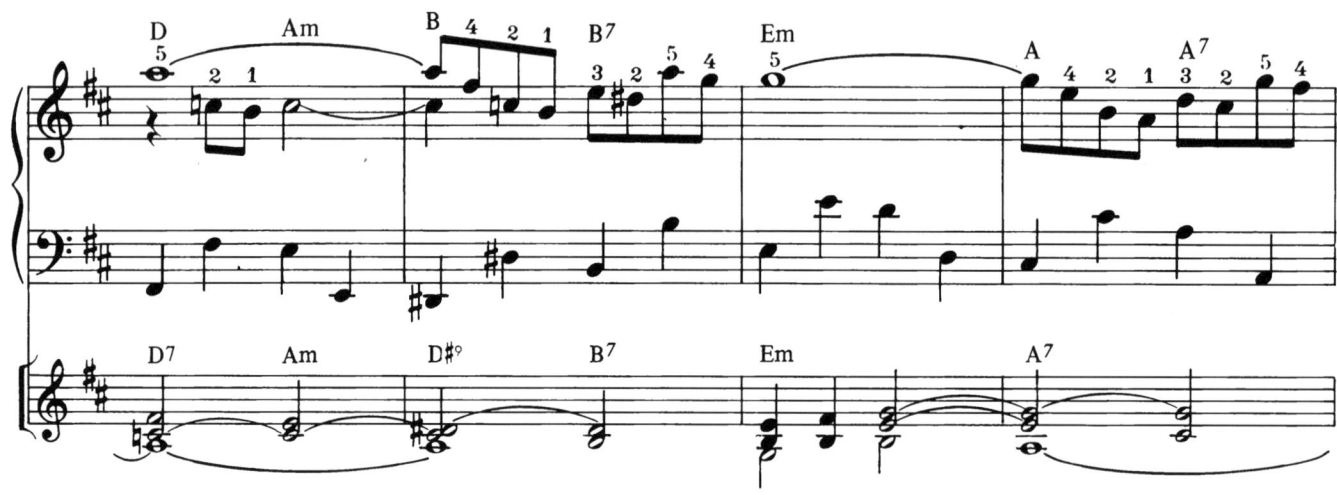

* vergl. Spielanweisung, Punkt 3

● Spielanweisung:
1. Die Melodie wird mit SFC-Begleitung gespielt. Einsatz des Rhythmus-gerätes ist möglich, reizvoll ist, etwas Arpeggio mit Harpsichord hinzu-zufügen.
Das wäre dann die „Pop-Version" der Air.

2. Die Melodie und die linke Hand werden wie notiert gespielt. Die Sprünge der linken Hand sind nicht ganz einfach, aber diese Spielweise kommt dem Originalklang am nächsten.
In diesem Fall sind die über der Melodiestimme aufgeführten Akkord-symbole ohne Bedeutung.

3. Zusätzlich zu der unter 2. geschilderten Spielweise können die unter der Baßstimme ausgeschriebenen Harmonien gespielt werden. Auch diese Stimme hat ihre eigene Akkordbezeichnung. Die Akkorde sind uns vielleicht noch nicht bekannt, sie ergeben jedoch für den etwas fort-geschritteneren Mitspieler einen Sinn. Musiziert man mit mehreren, so kann die Harmoniestimme geteilt werden. Die Gruppe A spielt zwei und die Gruppe B eine Stimme.

4. Letztendlich können alle Stimmen beim Gruppenmusizieren auf ver-schiedene Spieler verteilt werden. Insbesondere wenn das Stück noch unbekannt ist, ergeben sich hieraus für jeden einzelnen Spieler nur Vorteile. Der Gesamtklang wird dadurch gleichfalls gefördert, da alle Stimmen wesentlich differenzierter gestaltet werden können.

Die Hauptdreiklänge in G-Dur lauten:

<u>   </u> <u>   </u> <u>   </u>
  I   IV   V

Die Nebendreiklänge in F-Dur:

<u>   </u> <u>   </u> <u>   </u>
  II   III   VI

Liegt eine harmonische Molltonleiter zugrunde, so ist der Akkord auf der fünften Stufe immer ein _____ akkord.

Der englische Ausdruck für Rhythmusmuster ist _____ .

Man spielt in C-Dur, und doch klingen, wenn man möchte, ganz andere Tonarten. Dieses wird ermöglicht durch den _____ .

Die Tonarten heißen:

𝄞♭♭♭♭ = _____   𝄞♯♯♯♯ = _____

Verändert man die Taktart einer Melodie, so spricht man von einer _____ Variation.

z. B. Yamaha, JVC, Technics

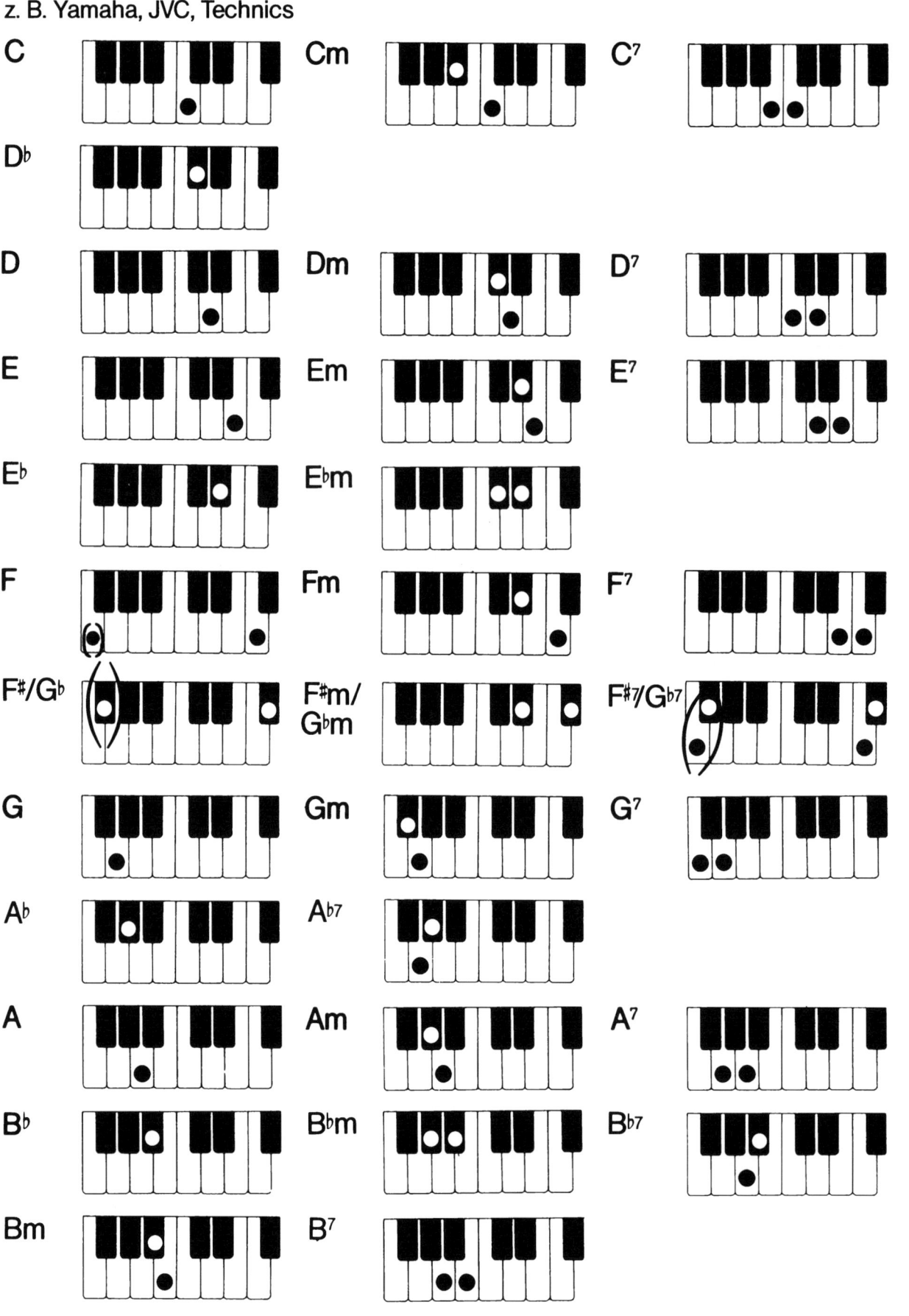

SFC-Akkordtabelle II

z. B. Antonelli, Casio, Hohner

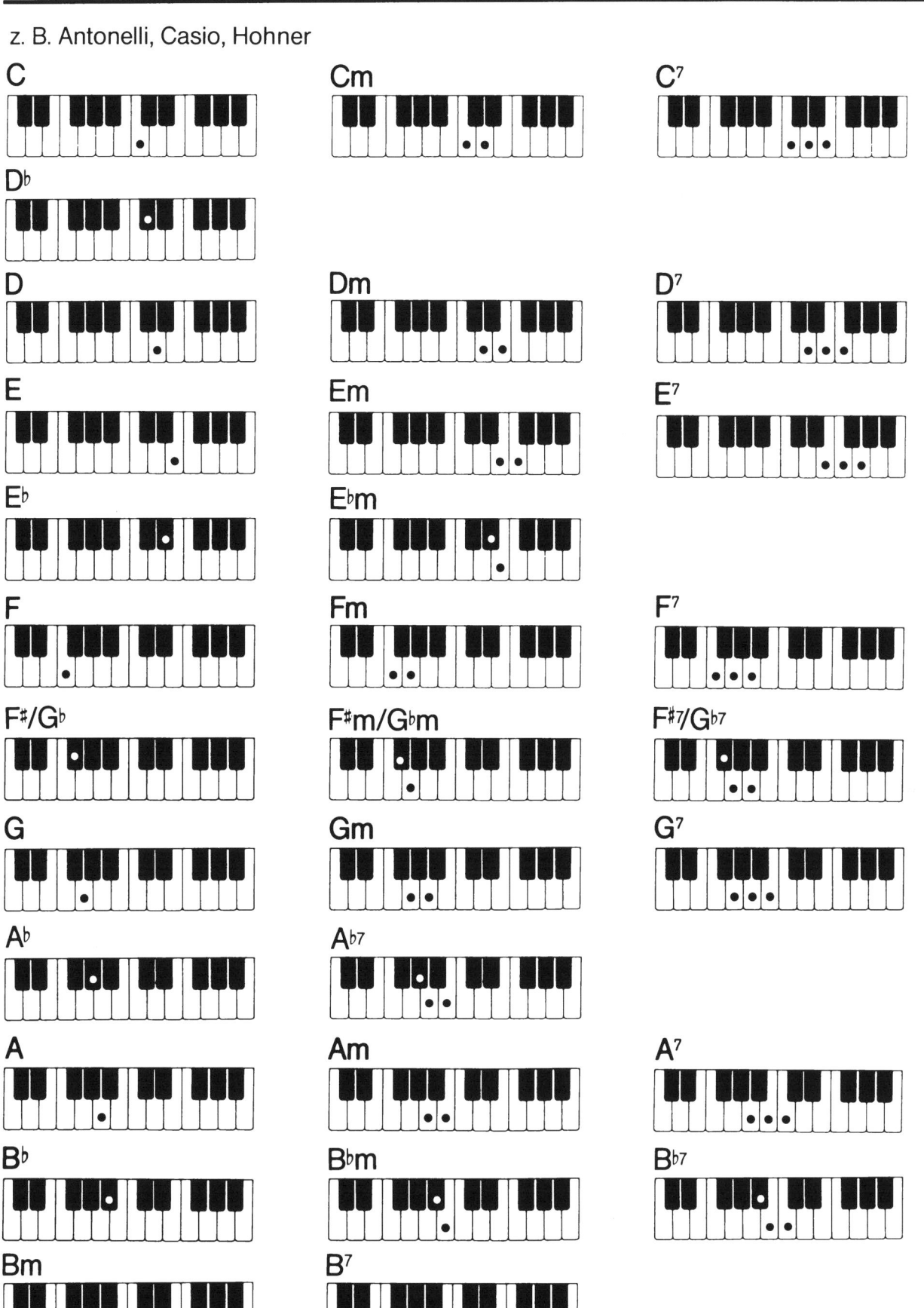

Verzeichnis der Lieder und Spielstücke

Testauflösungen

Band 5

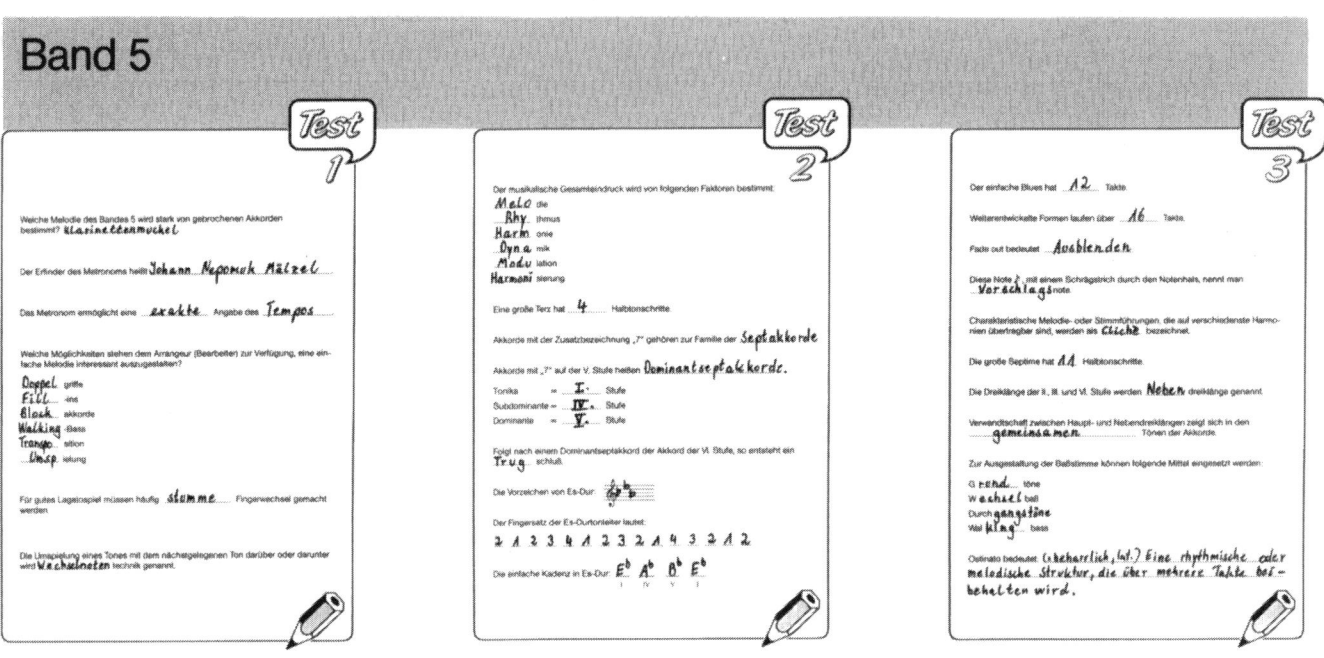

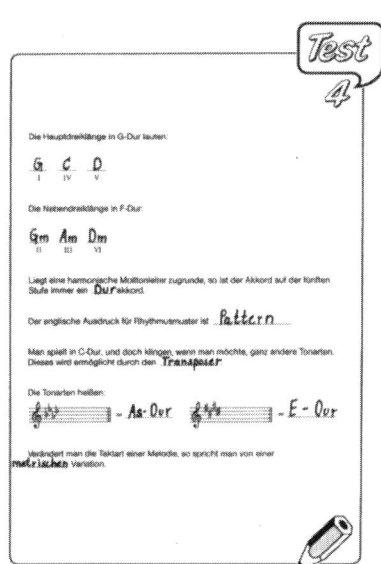